과학으로 만나는 소리

교육활동 프로그램 05

과학으로 만나는 소리

서울여자대학교 부속유치원 지음

(주)교 문 사

이 책의 순서

Ⅰ. 주제를 시작하며

1. 주제 선정의 이유 3

2. 주제의 주요 개념 4

1) 소리의 종류 4
2) 소리의 특성 4
3) 소리를 저장하거나 소리 낼 수 있는 도구와 기계 5
4) 소리가 우리에게 미치는 영향 5

3. 교육 내용 6

4. 환경 구성 7

1) 쌓기 영역 7
2) 역할 영역 8
3) 언어 영역 9
4) 수 · 조작 영역 10
5) 과학 영역 11
6) 조형 영역 12
7) 음률 영역 13
8) 실외 놀이 14
9) 벽면 구성 15

5. 가정과의 협력 16

1) 가정통신문의 예 17
2) 온라인 활동을 위한 협조사항의 예 19
3) 현장학습을 위한 협조사항의 예 19
4) 활동 자료를 위한 협조사항의 예 20

CONTENTS

6. 활동 전개의 예 20

Ⅱ. 주제 전개과정

1. 우리 주변의 소리에 대한 발견 25
   1) 선으로 그린 소리 25
   2) 팀별로 소리에 대한 생각 모으기 28
   3) 동시로 찾은 소리 32

2. 소리에 대해 과학적으로 접근하기 36
   1) 팀별로 소리에 대한 궁금증 풀어가기 36
   2) 소리가 움직여요 42

3. 라디오를 통해 소리나는 기계에 대한 궁금증 해결하기 43
   1) 라디오에서는 어떤 소리가 들리니? 43
   2) 라디오에서는 왜 소리가 날까?(1차 표상) 45
   3) 소리나는 기계(라디오, 전화기, 스피커 등) 분해하기 46
   4) 정크아트 : 소리나는 기계 만들기(2차 표상) 49

4. 소리에 대해 생각해 보기 51
   1) 내가 듣기 싫은 소리는? 내가 싫어하는 소리는? 내가 싫어하는 소리가 계속 들린다면 어떨까? 이 소리를 듣지 않으려면 어떻게 해야 할까?(1차 토의) 51
   2) 만약에 소리가 없다면? 이야기 나누기(1차 표상) 52
   3) 소리가 우리에게 주는 이로운 점과 해로운 점(2차 토의) 53
   4) 아름다운 소리 사세요 54

5. 소리 만들기 57

1) '소리' 전시회를 다녀와서 57

2) 내가 그린 그림에서 나는 소리 57

6. 소리 즐기기 59

1) 소리놀이터 59

2) 음악, 노래, 악기가 있는 무대 69

Ⅲ. 교사를 위한 교육활동안

1) 교육활동안 : 활동의 예 1 77

2) 교육활동안 : 활동의 예 2 80

3) 교육활동안 : 활동의 예 3 82

4) 교육활동안 : 활동의 예 4 84

5) 교육활동안 : 활동의 예 5 87

6) 교육활동안 : 활동의 예 6 89

7) 교육활동안 : 활동의 예 7 91

8) 교육활동안 : 활동의 예 8 93

9) 교육활동안 : 활동의 예 9 95

참고문헌 99

1. 주제 선정의 이유
2. 주제의 주요 개념
3. 교육 내용
4. 환경 구성
5. 가정과의 협력
6. 활동 전개의 예

I 주제를 시작하며

Ⅰ 주제를 시작하며

1. 주제 선정의 이유

유아를 둘러싸고 있는 주변 세계는 소리로 가득 차 있다. 자연의 소리부터 살아 있는 생물의 소리, 사회가 발달하면서 기계나 도구들이 만들어 내는 소리, 인간이 만들어 내는 소리 등이 있는데, 이에 더해 인간이 의독적으로 창조한 음악의 소리 등을 포함해 소리의 세계는 매우 다양한 소리들로 구성되어 있다. 유아는 소리에 대한 다양한 지각적 사고활동으로 주변 세계를 탐색하고 이해하게 된다.

태교 때부터 시작되는 음악과 소리자극은 성인기까지 이어지며 유아는 소리를 통해 정서적 안정을 얻는다. 유아들의 소리에 대한 감각의 발달을 살펴보면 3~4세 유아들은 음의 흐름에 의존하여 노래 부르기를 좋아하게 된다. 4~5세 무렵이 되면 유아들은 소리에 맞추어 정확하게 몸을 움직일 수 있고, 노래하면서 손뼉을 치거나 발을 구르는 등 다양한 활동을 한꺼번에 할 수도 있다.

소리는 전기나 공기와 마찬가지로 눈으로 볼 수 없는 것이므로 그 특징이나 기능을 유아가 직관적으로 알기에는 어려운 주제다. 특히 소리는 '진동' 이며 그 진동이 공기나 공기 이외의 소리 전달 물질을 타고 우리의 고막까지 와서 고막이 진동되면 우리가 느낄 수 있게 소리로 전환된다는 것은 소리에 대한 아주 근본적인 원리이지만 유아가 이해하기에는 어렵다. 그러나 소리에 대해서는 유아가 나름대로 소리를 만들어 보고 이동시켜 보는 데 있어서는 다양한 실험활동이 유아에게 가능하며, 또한 적절할 수 있다.

따라서 유아들은 '소리' 주제를 통하여 자연현상과 주변 현상의 소리에 대해 관심을 갖고, 소리 변별하기, 소리 탐색하기, 소리 예측하기, 소리 만들기뿐만 아니라 더 나아가 소리를 도구나 기계에 저장하는 방법에 대해 알아보며 발명을 통하여 소리를 쉽게 과학적으로 이해할 수 있다. 따라서 유치원에서 소리현상에 대한 주제는 과학적 이해와 음악적 이해가 서로 연결되어 다루어짐으로써 통합적 과학교육의 적합한 주제라 할 수 있다.

2. 주제의 주요 개념

1) 소리의 종류

① 우리 주변에는 다양한 소리가 있다.
② 소리는 높은 소리와 낮은 소리가 있다.
③ 소리에는 들을 수 있는 소리와 들을 수 없는 소리가 있다.
④ 소리는 자연적으로 나는 소리와 인위적으로 만들어진 소리가 있다.
⑤ 소리에는 듣기 좋은 소리와 듣기 싫은 소리가 있다.

2) 소리의 특성

① 소리는 공기의 떨림으로 발생된다.
② 소리는 물질을 통해 전달된다.
③ 소리는 주파수(고저), 주기(장단), 세기(강약), 음색속도의 형태를 띠고 있다.
④ 소리의 크기는 데시벨(dB)로 잴 수 있다.

3) 소리를 저장하거나 소리 낼 수 있는 도구와 기계

① 소리를 기록하고 저장할 수 있다.

② 소리를 전달하기 위해 라디오, 전화 등이 발명되었다.

③ 소리를 저장하고 소리를 내는 도구와 기계는 보이스레코더, 앰프, MP3 등이 있다.

4) 소리가 우리에게 미치는 영향

① 소리는 우리에게 이로운 점과 해로운 점을 준다.

② 소음은 신체적 · 정신적으로 피해를 준다.

③ 다양한 소리를 통해 감정, 느낌, 생각을 전달할 수 있다.

④ 아름다운 음악은 우리에게 심리적 안정감과 즐거움을 제공한다.

3. 교육 내용

과학으로 만나는 소리

이야기 나누기

- 내가 알고 있는 소리는?
- 소리의 특성에 대해 이야기 나누기
- 소리에 대해 궁금한 것 모아보기
- 소리의 전달과정 알기
- 옛날과 현재의 소리 저장방법과 소리를 낼 수 있는 도구와 기계 알아보기

언 어

- 읽기 : 《소리 박물관》, 《소리》, 《그림에서 나는 소리》, 《딩동댕동 소리 실험실》
- 말하기, 듣기 : 그림에서 어떤 소리가 들리나요?
- 쓰기 : 동화 속에 나오는 의성어 · 의태어 찾기, 소리나는 책 만들기
- 게임 : 친구들의 목소리 알아 맞추기 자석판게임
- 동화 : 《소리를 만들어요》
- 동시 : 다양한 소리를 찾아서 동시 지어보고 CD나 테이프로 들어보기

과학 · 요리

- 과학활동 : 소리를 탐색하고 변별하기
- 실험활동
  - 소리의 진동 실험
  - 소리의 전달 실험
  - 소리의 방향 실험
  - 카세트, 스피커, MP3 분해하고 미래의 소리 저장도구 발명
  - 소리 실험실 만들기 (소리의 저장 및 소리의 흡수)

음률 · 신체표현

- 노래 : 〈메아리야〉, 〈즐거운 목동〉
- 악기연주 : 과일 두드락, 연필 실로폰, 종이 탬버린 연주
- 감상
  - 소리 CD(자연, 자연과 삶, 사람)
  - 내가 구운 CD 감상
- 신체표현
  - 소리를 기호로 만들 수 있어요.
  - 음파를 스카프로 만들어요.

수 · 조작

- 〈나뭇잎 소리의 여행〉 판게임(수)
- 〈어떤 소리가 들려?〉 판게임(수)
- 〈소리는 이렇게 전달되요〉 판게임(수)
- 소리 상자 : 소리 변별하기(조작)
- 코르크판 악기 퍼즐(조작)
- 모래로 만든 음표(조작)
- 소리의 이동 게임(조작)

역할 · 쌓기

- 역할 : 음악이 있는 무대
  - 무대 및 배경, 조명 디자인하고 꾸미기
  - 노래하고 타악기와 현악기로 연주하기
  - 공연 시 예절과 바른 태도 기르기
- 쌓기 : 우리가 찾은 소리와 영상을 보고 소리나는 블록으로 구성하기

조 형

- 마블링으로 CD, 레코드판, 테이프 꾸민 후 와이어로 소리 표현하기
- 라디오, 전화벨 소리 듣고 상상하여 그리기
- 오간디 리본으로 소리 높낮이 모빌 구성하기
- 호스와 알루미늄 둥근 통을 이용한 소리 방향 조형활동
- 카세트 부품, 전화선 등 폐품을 활용한 정크아트

실외 놀이

- 소리놀이터 설계하고 제작하기(우리가 만들어 내는 소리 : 어린이 난타)
- 자연의 소리, 앞마당에서 나는 소리 녹음하기
- 다양한 발자국 소리 공원 만들기
- 국립민속박물관 소리 기획 전시회 현장학습

4. 환경 구성

1) 쌓기 영역

구분	내용
구성 원리	쌓기 영역은 실외 소리놀이터를 계획 · 설계하면서 유아들이 교실 내에서도 미니 철망과 악기 미니어처, 소리나는 블록을 이용하여 직접 구성해 볼 수 있도록 하였다. 또한 작품 전시대를 만들어 유아들이 소개하고 싶은 구성물을 친구들에게 이야기할 수 있도록 책상을 두었다.
활동 자료	• 소리놀이터 구성을 위한 여러 가지 블록(투명 블록, 소리나는 블록 등) • 여러 가지 악기 미니어처 모형 및 미니 철망 • 어린이들이 구성한 소리놀이터
환경 구성	 

2) 역할 영역

구 분	내 용
구성 원리	역할 영역은 최대한 공연장과 흡사하도록 구성하였다. 유아들이 직접 무대, 안막, 조명 등을 제작하고 포스터 및 팸플릿을 만들었다. 리코더 등의 부는 악기는 개인이 가져온 것으로 사용할 수 있도록 악기 비치대를 마련하였으며 실제 소리가 날 수 있도록 앰프와 마이크를 준비하여 유아들이 실제 공연장에서 놀이하는 듯한 기분이 들도록 하였다.
활동 자료	• 공연장 놀이 소품(마이크, 앰프, 마이크대, 스탠드, 봉고, 클라베스, 기타 등) • 유아들이 만든 소품(조명기구, 안막, 포스터, 팸플릿 등) • 기타(화장대, 망토, 분장도구, 왕관, 가발, 의자)
환경 구성	 

3) 언어 영역

구 분	내 용
구성 원리	언어 영역은 유아들에게 심리적인 안정감을 줄 수 있도록 편안한 분위기로 구성하였다. 자칫 소원해질 수 있는 말하기, 듣기 부분에 중점을 두었는데, 유아들이 직접 찾아서 녹음한 소리들과 동시를 감상할 수 있도록 4가지 테마의 CD와 테이프를 준비하였으며 목소리 찾기 게임과 악기 기억력 게임 등 언어 교구도 함께 비치해 두어 유아들이 편안하게 놀이할 수 있었다.
활동 자료	• 동화 : 《소리 박물관》, 《딩동댕동 소리 실험실》, 《소리 가게로 오세요》 • 쓰기 자료 : 소리나는 책 만들기 • 듣기 자료 : 내가 지은 소리 동시, 팀별로 찾은 소리를 녹음한 테이프 • 이야기 꾸미기 : 그림에서 나는 소리 • 교구 : 악기 기억력 게임, 친구들의 목소리 맞추기 판게임 • 참고서적 : 《소리의 세계》, 《빛과 소리》, 《소리가 움직여요》 등
환경 구성	 

4) 수 · 조작 영역

구분	내용
구성 원리	수 · 조작 영역은 유아들이 흥미를 잃지 않도록 교구 제작에 중점을 두었다. 현장학습을 다녀온 후 실로폰 주사위를 사용하여 교구를 만들어 소리를 이용한 놀잇감을 제시해 주었다. 다른 놀잇감의 경우 또한 기존의 주사위나 말을 조금 변형하여 소리와 관련하여 놀이할 수 있도록 하였다.
활동 자료	• 수교구 : 〈어떤 소리가 들리나요〉 판게임, 〈나뭇잎 소리의 여행〉 판게임 • 조작교구 : 악기점 퍼즐, 구슬 실로폰
환경 구성	 

5) 과학 영역

구분	내용
구성 원리	과학 영역은 소리를 탐색해 보고 실험할 수 있는 실험도구들과 기계들을 내주었다. 유아들이 직접 만든 물실로폰이나 정크아트 부품, 패널 등을 제시해 주었고 소리에 관련된 책들을 언제든지 읽을 수 있도록 구비하였다. 또한 유아들이 실험하기에 충분한 공간 확보에 중점을 두었다.
활동 자료	• 유아들이 가져온 고장난 스피커, 라디오, 전화기, 알람시계, 디스켓 등 • 측정 및 실험도구 : 드라이버, 저울, 돋보기, 장갑 • 핸드벨, 메트로놈, 음파 확대기, 스프링 드럼, 물실로폰 등 • 기록할 수 있는 도구 : 관찰일지, 필기도구
환경 구성	 

6) 조형 영역

구 분	내 용
구성 원리	미술 영역은 유아들이 여러 가지 재료를 쉽게 꺼내 쓰고 활용할 수 있도록 하였다. 유아들이 편안한 분위기에서 다양한 재활용품 및 정크아트 재료를 사용하여 창의적으로 구성할 수 있도록 하였다. 또한 종이컵이나 다 쓴 볼펜 뚜껑 등 재활용이 가능한 재료 등을 모아서 만들기에 활용하도록 하였다.
활동 자료	• 여러 가지 종이, 그리기 도구(색연필, 크레파스, 물감, 사인펜, 매직, 네임펜, 붓펜 등) • 밀가루 점토, 찰흙, 지점토, 점토도구(밀대, 점토판, 찍기도구, 철사 등) • 정크아트 활동을 위한 도구들 : 공디스켓, 지구본, 그릇, CD, CD케이스, 키보드 버튼, 삼각대 등
환경 구성	 

7) 음률 영역

구분	내용
구성 원리	유아들이 음률 영역에서 즐겁고 신나게 놀이할 수 있도록 공간을 마련하였다. 유아들이 만들어 온 소리나는 악기들을 직접 연주해 볼 수 있도록 하였고 악기들을 천장에 달아 자연스럽게 서서 연주할 수 있도록 하였다. 또한 소리의 전달과 이동을 이해하도록 알루미늄통을 설치하였다.
활동 자료	• 음악감상 : CD 및 노랫말 자료, 칼라악보 • 유아들이 만들어 온 악기 중 실내에서 놀이할 수 있는 악기 • 단소, 바이올린, 카우벨, 윈드벨, 나무리듬악기, 리코더 등
환경 구성	 

8) 실외 놀이

구 분	내 용
구성 원리	소리놀이터에 중점을 둔 것은 젖지 않는 재료였다. 유아들이 소리놀이터에서 소리를 만들어 내고 소리를 즐길 수 있도록 철망과 철사 등을 이용하여 구성하였다. 실내 소리놀이터에는 유아들이 만들어 온 악기를 비치하였고 실외 소리놀이터에는 주방도구나 못쓰는 쇠그릇 등을 달아 구성하였다.
활동 자료	소리놀이터 놀이 • 유아들이 만들어 온 악기 중 실외에서 놀이할 수 있는 악기로 구성 • 다양한 주방도구(도마, 그릇, 냄비, 냄비뚜껑 등), 배드민턴채 등 소리가 나는 모든 물건으로 구성
환경 구성	

9) 벽면 구성

구분	내용
구성 원리	유아들의 생각과 작품을 공유하는 것에 중점을 두어 벽면을 구성하였다. 벽면에는 유아들의 토의하기 내용과 실험 결과 등을 패널로 만들어 활동지와 함께 부착하여 구성하였고 천장에는 유아들의 소리에 관련된 조형활동한 것을 전시해 주었다.
활동 자료	• 선으로 표현한 소리(라디오에서 나는 소리를 듣고 꾸민 와이어 모빌) • 기계 및 부품으로 만든 상징물(정크아트 입체 전시물) • 소리가 움직여요(스카프 신체표현 후 유아들의 표상활동) • 우리가 만든 소리놀이터(팀별로 구성한 소리놀이터 투표 자료) • 만약에 소리가 없다면?(수수께끼 모빌)
환경 구성	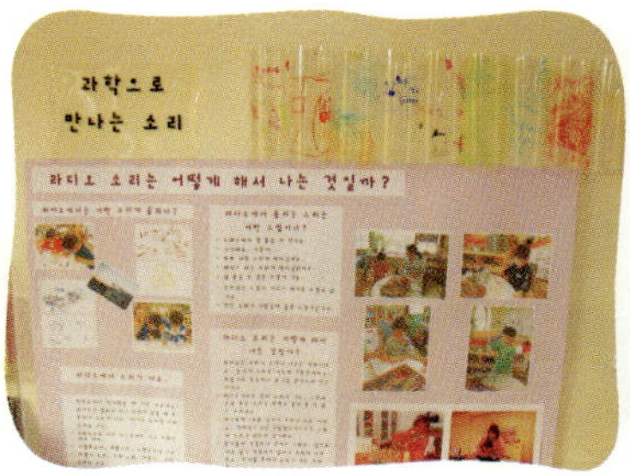  과학 영역 '과학으로 만나는 소리'  미술 영역 '내가 만드는 정크아트'

구분	내용
환경 구성	 쌓기 영역 '소리야 놀자'  언어 영역 '만약에 소리가 없다면'

5. 가정과의 협력

소리에 대한 개념은 유아들이 이해하기 어려운 부분이라 학부모의 협력이 절실히 요구된다. 유아들이 스스로 주변의 소리에 대해 관심을 갖도록 하고, 부모와 함께 악기를 만들어 보는 경험은 유아들에게 소리의 심미감을 느낄 수 있는 좋은 계기가 된다.

유치원에서는 부모들에게 가정통신문을 통해 소리에 관련된 도서, 화보 등을 가져올 수 있도록 협조를 부탁할 수 있으며, 소리에 관련된 전시회 및 축제 등을 소개하여 다양한 직접 경험의 기회를 가질 수 있도록 한다. 또한 전시회 및 공연장에 다녀온 후기나 사진을 통하여 경험을 공유하는 기회를 제공한다. 이러한 내용을 위한 가정통신문의 예를 보면 다음과 같다.

1) 가정통신문의 예

다음 주부터 2주 동안 실외 놀이시간에 소리놀이터 제작을 시작합니다. 활동하기에 불편함이 없도록 더러워져도 괜찮은 옷을 입히시거나 버려도 되는 작업복을 넣어 보내 주시기 바랍니다. 자세한 사항은 보내 드린 활동지를 참고하시기 바랍니다.

소리놀이터를 만들어요

파란하늘반 학부모님께
'과학으로 만나는 소리' 주제를 진행하면서 유아들과 소리 놀이터를 제작하게 되었습니다. 유아들은 놀이터에 자신이 좋아하는 소리를 담고 싶어 하였습니다. 가정에서 주말 동안 지내시면서 유아들이 좋아하는 소리를 찾으신 후 악기나 도구를 만들어서 보내 주시기 바랍니다. 보내 주신 도구는 소리놀이터에 달 예정이오니 유아들과 의논하여 보내 주시면 감사하겠습니다. 매 아침시간마다 친구들 앞에서 소개하고 실외 놀이시간에 도구는 소리놀이터에 달도록 하겠습니다.

예

구 분	내 용
내가 좋아하는 소리는?	
이 소리가 왜 좋은가요?	
내가 좋아하는 소리를 낼 수 있는 도구에요.	
소리 놀이터에 달 악기의 이름	
이렇게 소리를 내요. (연주방법 및 사용법)	

사진 붙이는 곳

(10월 15일 월요일부터 10월 19일 금요일까지 보내 주시기 바랍니다)

서울여자대학교 부속유치원 파란하늘반 이름 :

유아들이 가정에서 악기를 만드는 모습

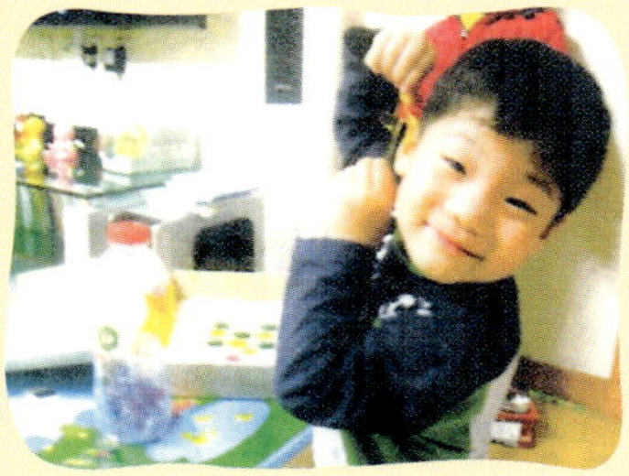

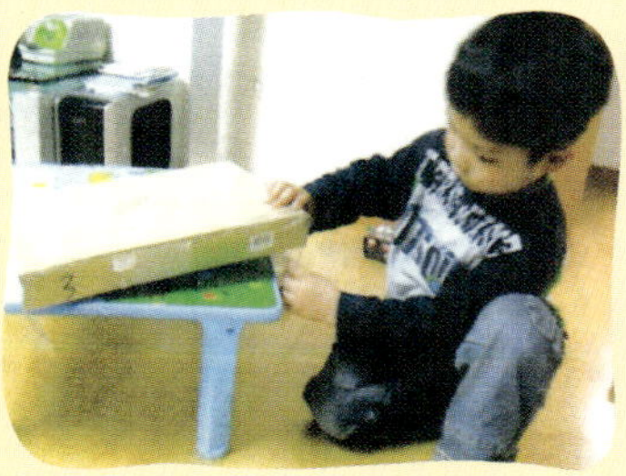

다용도 북은 숟가락으로
치는 유리병 악기에요.
숟가락을 당겼다 놓으면
고무줄이 줄어들면서
병에 부딪쳐 소리가 나고
병 주둥이와 옆을 두드리면
예쁜 소리가 나요.

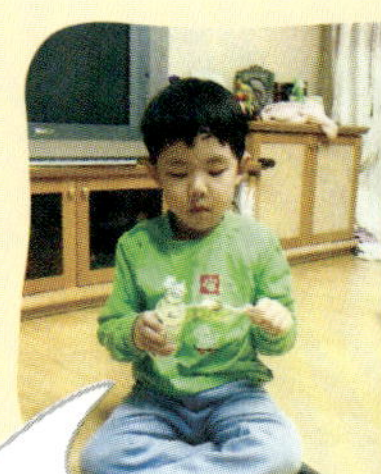
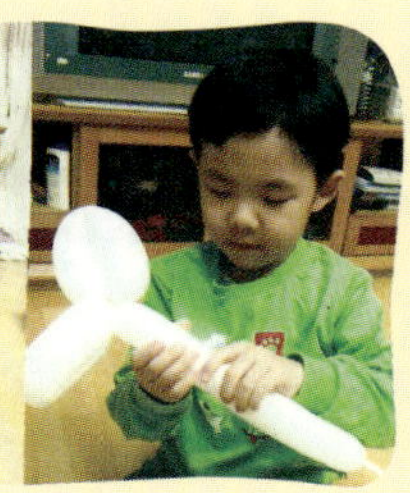

팥 마라카스는 팥이 흔들리면서
소나기 소리가 나요.
그리고 비누방울 풍선은
톡톡이 비닐로 만들었어요.
톡톡이 비닐을 빨리 터뜨리면
말발굽 소리가 나요.

나는 눈 밟을 때 나는 뽀드득 소리를 좋아해요.
그리고 풍선 터지는 소리도요. 왜냐하면 소리가
재미있어서요. 저는 4가지 악기를 만들었어요.
뽀드득 펑 악기는 요술풍선 분 것을 손으로 비비면
눈 밟는 소리가 나고 꼬았다 펴면
펑 터지는 소리가 나요.

2) 온라인 활동을 위한 협조사항의 예

소리 주제와 연계하여 다녀오실 만한 곳을 알려 드립니다.

구분	내용
2007 전주 세계소리 축제	• 일시 : 2007년 10월 6일~10월 14일 • 위치 : 전주시 완산구 중앙동 감영로 • 전화번호 : 063) 280-3325 • 홈페이지 : http://www.sorifestival.com
생각꿈틀 미술관 '소리전'	• 위치 : 서울시 서초구 양재2동 310번지 언남문화체육센터 4층 • 전화번호 : 02) 578-0270 • 홈페이지 : http://bonbini.co.kr
정크아트 특별체험전	• 일시 : 2007년 6월 2일~10월 31일 • 위치 : N서울타워 • 전호번호 : 02)3455-9277 • 홈페이지 : http://www.junk-art.co.kr/

3) 현장학습을 위한 협조사항의 예

① 10월 10일(수)에 국립민속박물관 '소리' 전시회 현장학습을 갑니다. 늦지 않도록 등원시켜 주시고 활동하기 편한 옷을 입혀서 보내 주시기 바랍니다.

② '소리' 전시회에 안전하게 잘 다녀왔습니다. 유아들은 전시회를 통해 소리를 흥미 있어 하고 그림에서 나는 소리에 대해 관심을 갖게 되었습니다.

4) 활동 자료를 위한 협조사항의 예

① 소리의 높낮이 실험을 하려고 합니다. 유리로 된 주스병이나 플라스틱병, 가는 호스나 굵은 호스 등이 있으시면 보내 주시기 바랍니다.
② 역할 놀이로 '음악이 있는 무대(음악회 및 연주회장)' 놀이가 진행됩니다. 소리에 관련된 잡지나 연주회 포스터, 화보, 사진, CD나 레코드판, 고장난 녹음기나 라디오, 스피커 등이 있으시면 10월 10일(수)까지 보내 주시기 바랍니다.

6. 활동 전개의 예

소리에 관한 사전지식 알아보기

- 우리 주변에서 나는 소리를 찾아서 그려 보기(1차 표상)
- 팀이 관심을 가지고 찾고 싶은 소리에 대해 이야기 나누기(1차 토의)
- 유치원에서 탐색 가능한 소리에 대해 이야기 나누고 동시로 표현하기(2차 토의)

⬇

소리에 대해 과학적으로 접근하기

- 팀별로 소리에 대한 궁금증 갖기
- 소리의 특징인 진동, 높낮이, 세기, 빠르기에 대해 궁금증 가지고 실험하기
- 소리의 특징 중 음파와 진동 신체로 표현하기

⬇

라디오를 통해 소리나는 기계에 대한 궁금증 해결하기

- 라디오에서는 왜 소리가 날까? 예측하기
- 라디오 기계 분해하기
- 소리나는 기계(전화기, 스피커, 시계 등) 분해하기
- 정크아트 : 소리나는 기계 만들기

⬇

소리에 대해 생각해 보기

- 내가 듣기 싫은 소리는? 내가 싫어하는 소리가 계속 들린다면? (이야기 나누기)
- 만약에 소리가 없다면?(이야기 나누기)
- 소리가 우리에게 주는 이로운 점과 해로운 점(이야기 나누기)

⬇

소리 만들기

- 소리전시회 다녀오기
- 그림에서 나는 소리(터치스크린) 만들기

⬇

소리 즐기기

- 실내 · 외 소리놀이터 만들기
- 음악, 노래, 연주가 있는 신나는 공연장 놀이

⬇

소리놀이터 설계하기

- 소리놀이터에 대한 생각 모으기
- 소리놀이터 설계하기(1차 표상)
- 팀별로 쌓기 영역에서 미니어처를 사용하여 설계하기
- 투표로 구조물의 형태 정하고 소리놀이터 이름 정하기
- 실외에 땅을 파고 구조물 설치하고 철망에 래커칠하기
- 가정에서 만들어 온 악기 소개하기
- 소리놀이터 시설물에 대한 의견 나누기
- 실내 · 외 소리놀이터에 악기 달고 채색하기
- 프로젝트 전개과정 패널 만들기
- 소리놀이터 준공식
- 소리놀이터에 초대하고 설명한 후 함께 놀기

⬇

음악 · 노래 · 연주가 있는 신나는 공연장 놀이

- 공연장 놀이 계획하기
- 공연장의 구성 요소 생각해 보고 의견 나누기
- 무대 세팅 및 조명 계획하기
- 팀별로 안막, 조명기구, 포스터, 팸플릿 제작하기
- 가정에서 가져온 포스터 및 팸플릿 소개하기
- 공연 동영상 보고 공연순서 및 놀이방법, 관람태도에 대해 이야기 나누기
- 악보 및 노랫말판 만들기
- 음향기기 및 악기 준비하기
- 공연장에서의 규칙 정하고 즐겁게 놀이하기
- 바른말 고운말을 쓰자! 캠페인
- 동극 : 〈아름다운 소리 사세요〉

1. 우리 주변의 소리에 대한 발견

2. 소리에 대해 과학적으로 접근하기

3. 라디오를 통해 소리나는 기계에 대한 궁금증 해결하기

4. 소리에 대해 생각해 보기

5. 소리 만들기

6. 소리 즐기기

Ⅱ 주제 전개과정

Ⅱ 주제 전개과정

1. 우리 주변의 소리에 대한 발견

1) 선으로 그린 소리

(1) 우리 주변에서 나는 소리를 찾아서 그려 보기(1차 표상)

'과학으로 만나는 소리' 라는 주제를 시작하면서 유아들이 소리에 대해 관심을 가지고 있을까? 소리를 알 수 있을까? 라는 염려를 하며 파란하늘반 유아들의 가지고 있는 소리에 관한 사전 지식을 알아보았다.

그러나 예상 외로 '유아들이 소리에 대해 알고 있을까?' 라는 우려와는 달리 유아들은 주변의 다양한 소리에 관심을 가지고 있었고 소리를 찾아냈다. 유아들은 소리를 선과 그림으로 표상화하기 시작했다.

교사 : 우리 주변에서는 어떤 소리들이 나는지 찾아볼까?

유아 1 : 바다에서 나는 소리가 있어요. 돌고래가 헤엄치고 있는 소리예요.
조개가 딱하고 소리를 내요.
비가 오는 소리도 있어요. 휴우욱~ 슈우욱~하고 소리가 나요.
새가 나는 소리에요. 짹짹짹 달팽이가 떨어질 때도 소리가 나요.
잠수함이 돌아가는 소리예요. 제주도 갔을 때 그림 있는 책을 봤더니 잠수함이 가는 소리가 나요.
차가 바닥에 떨어지는 소리예요. 멸치에서 헤엄치는 소리가 나요.

유아 2 : 바다 소리는 찰랑찰랑해요! 수영할 때 퐁당퐁당 소리가 나요.
비오는 소리도 있어요. 비가 내리면서 바닥에 부딪치는 소리는 딱딱딱이에요.
놀잇감이 떨어지는 소리는 쾅!
깔깔깔 웃는 소리도 있어요.
바람소리는 휘이잉~~~~ 뚝딱뚝딱 못박는 소리는 재미있어요.
상자가 떨어질 때는 쾅하고 소리가 나요. 의자가 뒤집히는 소리도 있어요. 쿵!

유아 3 : 로봇에서 위잉 소리가 나요. 청소기처럼.
강아지가 멍멍해요. 태권브이한테 나는 소리도 있어요. 달려라 달려~ 로보트야!
만화에 나오는 잠수함에서도 소리가 나요.

유아들은 재미있는 소리를 많이 찾아냈다. 자연적으로 나는 소리와 인위적으로 나는 소리도 찾았지만 물건이 떨어지거나 부딪치는 현상에서 나는 소리들을 찾아내었다. 유아들은 일상 생활 속에서 나는 소리들을 찾아내면서 소리를 몸으로 표현하는 모습이 눈에 띄었다. 유아들은 소리를 잘 변별하고 있었고 관심을 갖는 모습이었다.

또한 유아들은 가위나 도구를 사용할 때 나는 소리나 우리 몸에서 나는 소리뿐 아니라 주변에서 나는 많은 소리에 대해서 흥미를 가지고 있었다. 자동차, 기차, 청소기 등에서 나는 소리는 유아들이 시끄럽다고 느끼는 반면 노래 소리, 악기 소리, 좋아하는 동물의 울음 소리, 시계나 기계에서 나는 작은 소리, 웃음 소리 등에는 좋은 느낌을 가지고 있었다. 유아들은 소음이라는 단어는 모르지만 듣기 싫은 소리와 듣고 싶은 아름다운 소리를 구별할 수 있었다.

그림으로 표현한 유아들이 찾은 소리

파워레인저 노래 소리는 신나서 춤추게 돼요.
시계에서는 1,2,3,4… 숫자들의 소리가 나요.

선풍기 소리, 윙윙~.
분수 소리, 쏴아쏴아~.
바이킹 소리, 삐걱삐걱~.
청소기 윙윙, 시끄러워요.
연, 펄럭펄럭~.
자동차 소리, 부웅~
싫어요. 시끄러워요.

2) 팀별로 소리에 대한 생각 모으기

(1) 팀이 찾고 싶어 하는 소리로 팀 이름 정하기(1차 토의)

유아들과 우리 주변의 소리에 대한 1차 표상을 마친 후 팀별로 토의하기를 통해 팀이 찾고 싶은 소리를 알아보았다. 네 팀으로 나누어 토의하기가 진행되었으며 토의하기를 통해 내가 좋아하는 소리, 싫어하는 소리, 내가 알고 있는 소리 등에 대해 생각을 알 수 있었다. 또한 유아들과 팀 이름을 정하면서 팀별로 찾고 싶은 소리 네 가지를 정한 후 팀 이름을 조정하였다. 팀별로 찾고 싶은 소리 네 가지는 TV 소리를 찾아서 팀, 앞마당에 사는 곤충의 소리를 찾아서 팀, 바다의 소리를 찾아서 팀, 앞마당에서 놀이하는 소리를 찾아서 팀이었다.

① TV 소리를 찾아서 팀

TV 소리를 찾아서 팀의 토의 내용

교사 : 그럼, 우리가 좋아하는 소리 중에 우리 팀 이름으로 하면 좋은 소리는 어디서 나는 소리일까? 너희는 어디서 나는 소리를 찾아보고 싶니?
너희들이 이야기 한 소리들은 부엌에서 나는 소리, 텔레비전에서 나는 소리, 화장실에서 나는 소리, 동물 소리, 비행기 소리, 숲에서 나는 소리가 있었는데, 이 중에서 우리 팀 이름을 골라보자.
(투표 후 '텔레비전 소리를 찾아서'로 팀 이름이 정해짐)

교사 : 텔레비전에서는 어떤 소리들이 생길까?

유아 1 : 가수가 노래를 불러요.

유아 2 : 태권V가 나와요.

유아 3 : 만화영화 소리.

교사 : 자, 집에서 텔레비전을 볼 때 어떤 소리가 들리는지 잘 들어보고, 다음에 어떤 소리가 들리는지 다시 얘기해 보기로 하자.

TV 소리를 찾아서 팀은 이전 학기에 다룬 '만화가 좋아요' 주제를 하면서 관심을 가졌던 TV 소리에 대해 흥미를 가지고 TV에서 나오는 소리를 찾아보고 싶어 하였다.

② 앞마당에 사는 곤충의 소리를 찾아서 팀

앞마당에 사는 곤충의 소리를 찾아서 팀의 토의 내용

유아 1 : 우리 앞마당의 곤충 소리를 찾아서로 할까?

유아 2 : 좋다. 좋다.

유아 3 : 나도 좋아.

유아 4 : 난 싫어. 우리 축구장에서 나는 소리하자.

유아 1 : 모르겠다. 난 축구장이든 곤충이든 바람이든 하나하자.

유아 2 : 곤충이 좋을 것 같아.

유아 3 : 나도.

교사 : 그럼 어떤 곤충이 있을까?

유아 1 : 나가서 보면 있어요. 장수풍뎅이가 나오면 좋겠다.

교사 : 장수풍뎅이?

유아 2 : 난 잠자리.

유아 1 : 난 벌 싫어.

교사 : 그럼 앞마당 텃밭에 있는 곤충을 봐야겠다.

토의 결과 두 번째 팀은 동물이나 곤충, 혹은 자연에서 나는 바람 · 태풍 · 번개 소리 등에 관심을 가지고 있었다. 평소에 곤충에 관심이 많던 유아들의 제안으로 두번째 팀은 앞마당에 사는 곤충들의 소리를 찾기로 하였다.

③ 바다의 소리를 찾아서 팀

남아와 여아가 찾고 싶어하는 소리의 차이가 분명하게 드러나는 팀이었다. 남아들은 공룡이나 만화에서 나오는 소리를 선호하였고 여아들은 물고기, 강아지, 조개 등 귀엽고 예쁜 물건이나 생물 등에서 나는 소리에 대해 관심을 가지고 있었다. 토의 결과 남아와 여아가 공통적으로 좋아하는 소재인 바다에서 나는 소리로 팀 이름이 정해졌다.

바다의 소리를 찾아서 팀의 토의 내용

교사 : 우리는 어떤 소리를 찾아볼까? 너희들은 어떤 소리에 관심이 있어?

유아 1 : 공룡 소리, 트랜스포머 소리.

유아 2 : 공룡 소리, 유캔도 소리.

유아 3 : 공룡 소리.

유아 4 : 강아지 소리.

교사 : 남자친구들은 공룡 소리나 로봇 소리를 좋아하고, 여자친구들은 강아지 소리를 좋아하는데, 다 같이 좋아할 만한 것들은 무엇이 있을까?

유아 1 : 상어 소리요.

유아 2 : 여자애들은 강아지 소리하고 남자애들은 공룡 소리랑 트랜스포머로 나눠서 해요.

유아 4 : 물고기 소리, 소라 소리.

유아 5 : 조개 소리.

유아 6 : 우리 팀은 바다에서 나는 소리를 찾아봐요.

④ 앞마당에서 놀이하는 소리를 찾아서 팀

앞마당의 놀이하는 소리를 찾아서 팀의 토의 내용

교사 : 너희들은 어떤 소리를 찾고 싶니?

유아 1 : 앞마당에 사는 지렁이 소리요.

유아 2 : 지렁이가 어떻게 소리를 내냐.

유아 3 : 앞마당에서 한번 찾아볼까?

유아 2 : 그래 좋아! 우리 팀은 앞마당에 있는 소리 다 찾아보자.

유아 4 : 아마~~~ 떠드는 소리만 날거야.

교사 : 유아들이 놀이하는 소리도 있고, 바람 소리도 있고, 삽으로 흙을 팔 때 나는 소리도 있지 않을까?

유아 3 : 그럼 프라이팬 돋보기가 필요해요. 프라이팬처럼 큰 돋보기를 만들어요.

유아 4 : 큰 귀를 만들면 되지?

교사 : 큰 귀를 만들면 소리가 잘 들릴까?

유아 2 : 안들려요! 다른 방법을 써요.

교사 : 그럼 우리들은 앞마당에서 소리를 찾기 위해 도구를 만들어 보도록 하자.
(유아들과 투표를 통하여 앞마당에서 놀이할 때 나는 소리를 찾기로 함)

네 번째 팀은 다른 팀과는 달리 음악 소리, 소울음 소리, 꽹과리 소리, 유아들이 떠드는 소리 등 많은 소리에 관심을 가지고 있었다. 동생이 있는 유아들은 아기의 울음소리를 좋아하는 재미있는 점도 발견할 수 있었다. 앞마당에 있는 소리를 다 찾아보자는 한 유아의 제안으로 네 번째 팀은 앞마당의 놀이하는 소리를 찾아서로 팀이름이 정해졌다. 흥미로웠던 것은 네 번째 팀은 소리를 찾기 위한 도구 및 방법, 해결책을 생각하고 제시하였다는 것이다.

(2) 팀별로 소리에 대한 토의하기

유아들은 팀을 나누어 토의하면서 찬성과 반대 의사를 밝히고 팀이름을 정하였다. 자원봉사교사 2명과 부교사, 정교사를 4팀으로 나누어 토의하기 활동이 진행되었는데, 교사에 따른 이야기 나누기 내용이 차이가 있어 아쉬웠다. 유아들은 소리를 찾고, 소리를 만나면서 우리 주변에 여러 가지 다양한 소리가 있다는 것을 발견하였다. 유아들은 텔레비전 만화에서 나오는 소리, 바다 소리, 웃음소리 등 여러 가지 소리에 관심을 가지고 있었다. 다소 추상적이지만 상상하여 만들어 낸 소리를 이야기하는 유아들도 있었다. 동물 소리는 그 동안 학습된 '멍멍' 이라는 소리로 표현하는 모습이 보였다. 학습으로 알게 된 소리가 아닌 자신이 소리를 듣고 만들어 보는 경험이 필요하다고 생각되었다.

팀별로 토의하는 모습

3) 동시로 찾은 소리

(1) 유치원에서 탐색 가능한 소리에 대해 이야기 나누고 동시로 표현하기(2차 토의)

유아들은 주변의 많은 소리를 듣고 많은 소리에 관심으로 가지고 있었다. 소리에 대한 토의하기를 통해 팀을 나누면서 자신들이 찾고 싶은 소리에 대해 알아갔다. 하지만 유아들의 1차 토의하기에서 찾고 싶어했던 소리는 실질적으로 조사하여 찾을 수가 없는 소리여서 유치원에서 탐색 가능한 소리를 찾아서 2차 토의하기가 진행되었다. 2차 토의하기를 통해 1차 토의 시 'TV 소리를 찾아서' 팀은 '교실의 놀이하는 소리를 찾아서'로, '앞마당에 사는 곤충의 소리를 찾아서' 팀은 '몸에서 나는 다양한 소리를 찾아서'로, '바다의 소리를 찾아서' 팀은 '물에서 나는 다양한 소리를 찾아서'로, '앞마당에서 놀이하는 소리를 찾아서' 팀은 그대로 '앞마당에서 놀이하는 소리를 찾아서'로 팀 이름을 변경하였다.

소리 찾아 녹음하기

① 동시로 찾은 교실의 놀이하는 소리의 예

간식 먹을 때
아그작 아그작~
친구와 함께 이야기하는 소리

테이프 돌릴 때
부륵~소리

교실에서 들리는 소리는
기분 좋은 소리
재밌는 소리

본드 짜는 소리는 삐잉~

실로폰은 피리리리~

친구들 목소리는 어쩌구 저쩌구~

교실에서 나는 소리
기분 좋은 소리

② 동시로 찾은 몸에서 나는 다양한 소리의 예

짝짝짝짝짝
손뼉을 쳐요.

싹싹싹싹싹
손을 문질러요.

살살살살
손가락을 마주대고 두드려요.

그러면 우리 몸에서는 소리가 나요.

두근두근, 심장소리
감기 걸렸을 때
청진기로 의사선생님이
심장소리를 들어요.

배고플 때
아빠 배에서는
보글보글 소리가 나요.

③ 동시로 찾은 물에서 나는 다양한 소리의 예

쏴악쏴악
물을 뿌릴 때 나는 소리
물나라에 온 것 같아요

물나라의 왕 물소
물나라의 여왕 펫
물나라의 가장 어린 동생 핏

물소랑 핏, 펫이 모이면
야~~ 소리를 내요.
물청소하는 소리예요.

사람이 물 속으로 풍덩 빠질 때
물 속에서는 우~ 소리가 들려요.

물 속에서 입으로 바람을 불면
부르르르~라며 거품이 소리를 내요.

바다에서 파도가 높이 칠 때는
푸우~하아~소리를 내요.

물 속에서 해파리에 찔리면
사람은 아!
소리를 질러요.

물이 구멍을 빠져나갈 때는
지이~~ 소리를 내요.

④ 동시로 찾은 앞마당에서 놀이하는 소리의 예

미끄럼틀 올라갈 때
쿵쾅쿵쾅

축구하며 공을 찼을 때
땅! 땅!

삽으로 흙을 팔 때
쑥쑥! 싹싹! 쑥싹쑥싹!

이 소리들을 들으면
기분이 좋아지지만

앞마당에서 내꺼라고 싸우는 소리는
기분이 안좋아지는 소리

발은 보도보도

바람은 휘잉~

자동차는 드그르르

미끄럼틀은 쉬잉~

모두모두 소리를 내며 움직여요.

(2) 소리를 찾아서 : 누구의 목소리일까?

우리는 청각을 통해 주변의 소리와 사람들의 목소리, 음악 등을 듣는다. 청각은 모든 의사소통의 시작이라 할 수 있는데, 이때 '소리가 들리는 것'과 '소리를 듣는 것'에는 차이가 있다. '소리가 들리는 것'은 수동적인 현상으로 지나가는 소리가 귀에 저절로 들리는 것이 여기에 해당하며, '소리를 듣는 것'은 능동적이고 인지적인 현상으로 각성상태와 주의력, 기억의 영향을 받는다.

'소리를 찾아서' 교구

유아들은 1주에 걸쳐 팀별로 소리를 찾아 녹음하였고 동시를 지어 언어 영역에서 녹음한 소리와 동시를 감상하는 기회를 가졌다. '누구 목소리일까?' 활동에 참여하여 '친구 목소리 듣는 것'을 통해 주의 깊게 소리를 듣고, 유아들의 목소리를 구분하여 누구인지 알아맞히는 능동적인 과정을 통해 소리에 대한 변별력을 기를 수 있었다.

친구들의 목소리를 듣고 있는 유아

2. 소리에 대해 과학적으로 접근하기

1) 팀별로 소리에 대한 궁금증 풀어가기

(1) 소리의 특징인 진동, 높낮이, 세기, 빠르기에 대해 궁금증을 가지고 실험하기

① 소리의 전달 실험

가장 쉬운 방법으로 두 명의 유아가 책상에 귀를 대고 책상을 두드렸을 때 소리의 전달에 대해 간단히 실험을 해보았다. 다음으로 유아들은 실전화기 만들기를 통해 소리의 전달에 대해 알아보았다. 실과 종이컵을 사용하여 실험을 한 후 유아들은 재료를 달리 하면 소리가 전달될까에 대해 궁금해 하였다. 교실에 있는 재료 중 낚싯줄과 가는 철사, 리본테이프 등을 준비하고 컵도 종이컵 대신 플라스틱컵을 준비하여 실험해 보았다. 실전화기 실험을 경험해 본 유아들은 소리가 보이지 않는 실로 연결되어 우리의 귀에 전달된다는 것을 알고 전화와도 연결시켜 생각하는 모습이었다. 또한 빨리 이야기했을 때와 천천히 이야기했을 때의 소리의 빠르기가 다름을 느끼고 소리의 또 하나의 특징을 알아냈다.

호스를 이용해 소리의 전달 및 빠르기를 실험 중인 유아들의 모습

종이컵을 이용해 소리의 전달 및 빠르기를 실험 중인 유아들의 모습

유아 1 : 빠른 소리는 비행기 소리예요.
유아 2 : 느린 소리는 거북이 소리 같아요.
유아 3 : 공기가 빨리 떨리면 소리가 빨라지고 공기가 천천히 걸으면 소리가 늦어져요.

② 소리의 세기 실험

윈도우 미디어 플레이어를 통해 큰 소리와 작은 소리에 따른 파동의 변화를 눈으로 본 유아들은 소리의 세기에 대해 관심을 가지게 되었다. 소리를 시각화하여 이해하기에는 어려운 점들이 많았으나 가장 쉽게 알 수 있는 방법으로 큰북을 사용하였다. 유아들은 북을 세게 쳐서 큰소리가 났을 때 북 위의 종이가 높이 떠오르는 것을 보고 높이가 높은 파동이 큰소리의 파동이라는 것을 알게 되었다. 또한 유아들은 자유선택놀이시간에 북으로 진동 실험을 하며 큰소리와 작은 소리를 경험하였고 교실 내에 비치된 마이크와 앰프의 소리를 조절하면서 소리의 세기에 대해 알아갔다.

소리의 세기를 실험 중인 유아의 모습

유아 1 : 작은 소리는 공기가 조금 떨리나 봐.
유아 2 : 바람이 세게 불면 소리가 크게 들려.
유아 3 : 작은 소리를 들으려면 귀를 귀울여야 해.
유아 4 : 개구리 여러 마리가 모이면 큰 소리가 나요.

소리의 세기

소리의 세기는 진동의 폭, 즉 진폭에 따라 결정된다. 일정한 높이의 음을 내도록 만들어진 소리굽쇠를 생각해 보면, 소리굽쇠를 세게 치면 큰소리가, 약하게 치면 작은 소리가 나지만 음의 높낮이는 변하지 않는다. 따라서 큰 소리란 진폭이 큰 것임을 알 수 있다. 소리의 세기를 나타내는 단위로는 데시벨(dB)을 사용하는데, 이는 전화의 발명자인 벨의 이름을 딴 것이다.

③ 소리의 높낮이 실험

유아들은 윈드벨과 물실로폰을 탐색하며 '길이' 의 차이에 따라 음의 높낮이가 달라진다는 것을 알 수 있었다. 교실에 있는 피아노, 실로폰, 소리굽쇠, 윈드벨

등의 악기를 연주해 보며 소리에는 높낮이가 있다는 특징을 알아내었고 윈드벨과 실로폰을 보며 길이가 다르다는 두 악기의 공통점을 발견해 내었다. 유아들은 호스, 수수깡, 나무젓가락, 알루미늄통 등으로 표상화하면서 소리의 높낮이를 경험할 수 있었다.

유아 1 : 공기가 많아서 높은 소리가 나요.
유아 2 : 물의 높이에 따라 소리가 달라져요. 피아노 같아요. 도레미파솔라시도.

소리의 높낮이

소리의 높낮이는 진동을 얼마나 빨리 하느냐에 따라 달라진다. 진동 수의 단위는 헤르츠(Hz)를 쓰는데, 예를 들어 20Hz는 1초에 20번 진동한다는 뜻이다. 진동 수가 크면 빠르게 떠는 것이므로 높은 소리가 나고, 진동 수가 작으면 천천히 떨어 낮은 소리가 나는 것이다.

소리의 높낮이를 실험 중인 유아의 모습

④ 소리의 진동 실험

유아들에게 공기의 떨림, 진동을 알려 주기 위해 와이어로 표상화하는 작업을 하였다. '선' 으로 소리를 표현함에 있어 와이어는 손쉽게 구부러지는 특성이 있어 유아들이 자유롭게 자신의 느낌을 표현하기에 용이하였다. 평면적 구성이 아닌 입체적 구성을 통해 보다 소리가 가진 다양함, 입체적 느낌을 잘 표현할 수 있었다. 유아들은 신기하게도 낮은 음은 동그라미나 하트 등의 모양으로, 높은 음은 직선이나 날카로운 선으로 표현하는 것을 볼 수 있었다.

피아노의 높은 음과 낮은 음을 들으면서 신체표현을 통해 표상화하였는데, 유아들은 선천적으로 음파에 대해 느끼는 것은 아닐까 하는 궁금증이 생겼다. 또한 소리를 듣고 와이어로 음파를 만들어 보며, 유아들 스스로 높은 소리의 음파, 낮은 소리의 음파, 큰소리의 음파 등 다양한 음파를 창조해 내는 능력을 기를 수 있었다.

와이어로 표상화 작업 후 4가지 그림 자료를 통해 퀴즈를 냈다. 높은 소리와 낮은 소리, 큰 소리와 작은 소리의 파동 그림을 준비하였는데, 유아들은 높은 소리는 떨림이 많은 소리, 낮은 소리는 떨림이 적은 소리 그림을 정확하게 맞추었다.

유아들은 스스로 파동을 몸으로 표현하기 시작했고 윈도우 미디어 플레이어

소리의 떨림을 실험 중인 유아의 모습

유아 1 : 물이 앞으로 나가요. 물이 파르르 떨려요.
유아 2 : 징이랑 물이랑 만나니까 물이 움직여요.
유아 3 : 소리가 커서 물이 떠밀렸어요.

를 통해 사람 목소리와 음악에 따른 파동과 음파의 모양을 빔으로 보여 주자 굉장히 흥미로워하였다. "회오리 같다", "이건 큰소리다", "폭포 같아", "너무 재밌다"라고 말하는 모습에서 소리의 진동과 파동을 신체로 표현하는 활동을 계획하게 되었다.

유아들은 소리의 진동에 관심을 가지고 다양한 실험을 통해 소리의 진동에 대해 탐구하기 시작했다. 큰북과 징을 사용하여 소리의 진동과 떨림을 시각으로 느낄 수 있자 유아들은 매우 흥미로워하였다. 우리 입에서 나오는 소리가 공기의 떨림으로 귀에 들어가면 성대와 같이 고막이 떨리고 달팽이관과 청신경을 통해 뇌로 전달된다는 것을 동영상을 보며 이야기 나누자 귀의 구조에 대해 알고 있는 유아들도 있었고 성대의 울림을 느껴 본 유아들은 고막이 떨린다는 것을 쉽게 이해하였다.

소리의 진동 실험(물 위에서 악기를 친다면?)과 소리의 특징 실험(높낮이, 세기, 빠르기 등)을 하며 소리의 4가지 특징을 토의하고 소개하는 시간을 가졌다. 소리가 왜 생겨나는지, 어떻게 생겨나는지에 대해 예측 · 토의해 보고 소리의 특징을 실험해 보면서 유아들과 소리에 대해 탐구해 보았다.

소리의 진동을 실험 중인 유아의 모습

2) 소리가 움직여요

- 목소리에는 모양(파동, 진폭)이 있어요.
- 윈도우 미디어 플레이어로 음파를 보여 주고 신체로 표현해 보기
- 스카프나 천을 사용하여 음파, 진폭 표현해 보고 느낌 나누기

유아들과 소리의 파동과 진폭에 대해 실험활동을 하면서 매우 흥미있어 하는 모습을 발견하였다. 마침 유아들은 여러 가지 간단한 소리 실험들을 통해 소리에 대해 관심을 가지고 있던 터라 여러 가지 파동과 진폭의 모양에 대해 재미있어 하였다. 다섯 팀으로 나누어 스카프를 이용하여 목소리와 연주 소리에 따라 달라지는 영상을 보며 신체표현을 하였다. 유아들은 스카프를 던지거나, 스카프를 구부리거나, 스카프를 펼쳐서 둥글게 만드는 등 다양하게 신체로 표현하였다.

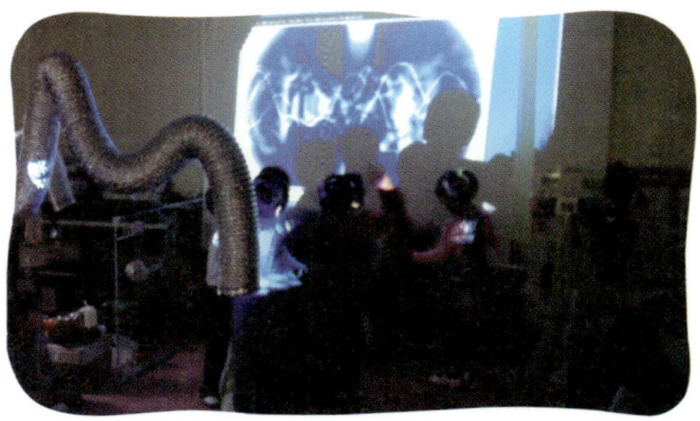

음파와 파동을 신체로 표현하고 있는 유아의 모습

소리가 되어 스카프 춤추기 표상화

소리가 꿈틀꿈틀 움직이는 것 같아요.
꽃이 소리랑 같이 움직여요. 전기가 움직이는 것 같아요.
스카프를 돌리며 동글동글 움직이는 소리가 되어보니 좋았어요.
전기 소리가 나는데, 무섭진 않아요. 달걀처럼 꼬불꼬불 소리가 움직였어요.
소리는 네모, 세모 모양이에요. 번개치는 모양 같기도 해요.
소리가 펑펑 치고 요리조리 움직였어요.
소리가 여러 색깔로 움직여요. 회오리 소리도 나고 함정 전기 소리도 나요.
소리가 꽃 피는 것처럼 움직여요. 삐릿 소리가 연결되어 움직여요.
소리가 동글동글 눈이 내리는 것처럼 움직여요.

3. 라디오를 통해 소리나는 기계에 대한 궁금증 해결하기

1) 라디오에서는 어떤 소리가 들리니?

유아들은 소리를 찾으면서 자신들이 찾은 소리를 담고 싶어 하였다. 그래서 소리가 나는 기계인 라디오에 관심을 갖게 하고자 라디오 소리를 듣고 표상화하는 작업을 하였다. 처음 라디오 소리를 들려 주자 유아들은 소리가 즐거웠는지 웃기만 하였으나 주파수를 달리하며 목소리, 노래 소리, 연주 소리, 주파수를 달리할 때 나는 잡음 등을 들려 주자 유아들은 자신의 생각을 표상화하기 시작했다.

라디오 소리를 듣고 그림으로 표현한 유아들이 찾은 소리

천둥 소리가 망가졌을 때 나는 소리예요.
라디오가 멈춰서 다시 소리가 났을 때 호루라기 소리가 나요.
피아노 소리랑 시계 소리도 나요.
노래 소리도 나고 뉴스 소리도 나고 모래 소리도 나요.
버엉 소리, 핑 소리가 나요.
천둥 소리 우르르 쾅쾅 소리가 나요.

부드러운 느낌도 나고~
차가운 느낌도 났어요.
멋진 노래가 나왔는데,
슬픈 느낌이었어요.
지이잉 지이잉, 치익,
드르륵 드르륵, 쏴야악 푸시식,
성게 소리 탁탁탁!
외계인 소리도 났어요.

2) 라디오에서는 왜 소리가 날까?(1차 표상)

유아들에게 라디오에서 들렸던 소리와 기분에 대해 이야기를 나누고 "왜 라디오에서 소리가 날까?" 라고 질문하자 다양한 대답을 하였다.

유아 1 : 라디오는 소리나 음악이 나오는 기계니까요. 음악이 소리를 나오게 만들었나봐요. 녹음기로 녹음해서 음악을 라디오에 넣은 거예요.

유아 2 : 비디오 때문에 소리가 나요. 비디오의 양쪽에 동그란 게 돌아가서 라디오랑 테이프 소리가 만나서 그렇게 된 거에요. 라디오랑 비디오 테이프랑 비슷하게 생겼잖아요.

유아 3 : 전깃줄에 연결되어 있어서 그래요. 실전화기도 실이 연결되어 있어서 소리가 나거든요. 전기를 통해서 소리가 나는 거예요. 아니면 텔레비전처럼 카세트를 켜니까 소리가 나는 거예요. ON/OFF가 있어요.

유아 4 : 인공위성이 라디오한테 소리를 보내줘요. 인공위성 안테나랑 라디오 안테나랑 만나는 거죠. 인공위성에서 전화기로 버튼을 누르면 라디오 숫자랑 연결되는 거예요. 안 고장 난 라디오는 소리가 나요. 안 고장 나서 소리가 나는 거죠.

유아 5 : 전기가 라디오에 들어가 거꾸로 들어가 있어서요. CD를 넣어야지. 전기는 배터리예요. 배터리를 안 넣으면 소리가 안 나요.

유아 6 : 어떻게 되는지 알 수 있으라고, 뭐 위험하거 이런거요. 라디오 안을 잘 만들었으니까 소리가 나겠죠! 라디오를 분해해 봐요.

라디오에서 나오는 소리를 들으며 표상화 작업을 하는 유아들

실전화기를 통해 소리의 전달을 경험한 친구들은 전깃줄과 연관하여 생각을 하였고 비디오 테이프나 텔레비전의 모양과 라디오의 생김새로 공통점을 발견해 내는 유아들도 있었다. 또한 '재미있게 해주려고', '고장이 안 나서요' 라는 재미있는 대답도 들을 수 있었다. 몇몇 유아들은 CD나 테이프를 넣으면 소리가 난다는 사실을 적용시켰으나 교사가 "넣지 않았는데?"라고 반문하자 라디오를 분해해 보자는 의견을 제시하였고 소리가 기계에서 어떻게 나오는지 궁금해 하였다. 유아들은 소리의 저장에 관심을 가지고 소리를 담을 수 있는 기계나 도구를 탐색해 보고자 하였다.

3) 소리나는 기계(라디오, 전화기, 스피커 등) 분해하기

(1) 예측하기

유아들은 예측하기 활동을 통하여 카세트와 소리나는 기계 속에 대한 궁금증을 가졌다. 기계의 내부 구조에 대해 자세히 알고 있는 유아들도 있었고 카세트 테이프나 소리 등의 이미지를 이야기하는 유아들도 보였다. 유아들은 부품으로 자신들이 좋아하는 것을 만들고 싶어 하는 모습이 두드러지게 나타났다. 또한 자신이 좋아하는 것보다는 전선줄이나 부품의 모양과 비슷한 형태의 작품을 만들어 보고자 하는 유아들도 있었다.

교사 : 라디오를 분해하면 어떤 부품이 나올까요?
유아 1 : 기계, 게, 사슴벌레가 들어 있을 것 같아요.
카세트를 움직이게 하는 기계가 들어 있을 것 같아요.
지네처럼 생긴 기계랑 전기가 들어 있을 것 같아요.
유아 2 : 전깃줄이 있을 것 같아요.
전선이 가득 차 있을 것 같아요.
테이프랑 전선코드, 건전지가 들어 있을 것 같아요.
유아 3 : 스피커 안에는 소리가 들릴 수 있도록 말하는 소리가 들어 있을 것 같아요.
기계가 많이 들어 있을 것 같아요. 모양은 똑같은데, 여러 개예요.
스프링이 들어 있을 것 같아요.

소리나는 기계 분해하기 전 유아들의 예측

(2) 소리나는 기계 분해 실험하기

유아들은 소리나는 기계 중 라디오와 전화기, 테이프를 분해해 보았다. 분해하기 전에 무엇이 있을지 예측하기를 해보아서인지 자신의 예측이 맞은 유아들은 실험을 통해 뿌듯해 하는 모습을 볼 수 있었다. 드라이버를 사용해 분해를 하고 생선그릴 은박접시와 플로피 디스켓에 부품으로 꽃, 수영장, 라디오, 텔레비전 등을 만들면서 무척이나 흥미로워 하였다.

분해하면 어떤 부품이 나올까요?

내가 얘기한대로 카세트 속에는 전선이랑
소리나게 하는 기계가 잔뜩 있지요?
내가 맞췄어요. 근데, 이건 뭐지?
눌러볼까? 우와! 카세트 버튼을 누르니
안에 있는 기계가 움직여요! 톱니바퀴가
움직이는 것 같아요!

뱅글뱅글~ 돌리니
나사가 위로 위로 올라와요.
작은 나사, 큰 나사로
카세트가 꽁꽁 묶여 있어요.
와! 무지개 색깔 전선이 있어요.
동글동글 약처럼 생긴
건전지도 들어 있네요? 신기하다!

시계 안에 똑딱똑딱
소리나는 기계가 있어요.
나사를 돌리니,
시계바늘이 빠져요.

카세트 안에는
전선이랑 나사가 많아요.
전기는 안 통하나?
참! 지금은 전선을 연결하지 않았지?
빨주노초~ 무지개 전선이랑 반짝반짝
빛나는 것들이 많아서 눈부셔요.

4) 정크아트 : 소리나는 기계 만들기(2차 표상)

교사 : 부품과 재활용품으로 무엇을 만들고 싶나요?
유아 1 : 장수풍뎅이, 사슴벌레 장난감이요! 내가 좋아하는 거니까요.
유아 2 : 나쁜 도둑을 내쫓는 세모 모양 로봇을 만들고 싶어요.
자동차로 변신할 수 있었으면 좋겠어요.
유아 3 : 높은음자리표를 만들어서 악보를 그리고 싶어요.
유아 4 : 커다란 건전지를 만들어서 더 크게 라디오 소리를 듣고 싶어요.

유아들은 라디오나 전화기 등을 분해하였을 경우 무엇이 나올지 예측해 보았고 나온 부품으로 무엇을 만들고 싶은지 설계도를 그렸다. 유아들은 건전지, 색건전지, 쇠 찌끄러기, 끈 등이 나올 것 같다고 예상하였고 거북이나 꽃, 꽃이 있는 지구, 나무 등을 만들고 싶어하였다.

정크 아트란?

'정크아트'는 버려지는 물건을 이용해 만드는 미술작품으로 1950년대 유럽과 미국에서 발생했다. 정크(junk)는 폐품, 쓰레기, 잡동사니를 의미한다. 정크아트는 환경 친화적이며 동시에 보다 나은 인간생활에 기여하는 예술이라 할 수 있다.

유아들이 만들고 싶은 정크아트 설계도

유아들이 만든 정크아트

미술 영역에서 기계에서 나온 부품이 아닌 파란하늘반 교실에서 나온 폐품(몽당 색연필, 안 나오는 펜, 교사가 가지고 온 플라스틱 주방용품 등)을 가지고 만들기 활동을 하였다. 유아들은 폐품이나 부품을 가지고 사슴벌레, 비행기, 장수풍뎅이, 코스모스, 강아지 로봇 등 자신들이 좋아하는 것을 창의적으로 만들며 즐거워 하였다.

유아들은 정크아트를 통해 소리나는 기계, 즉 카세트, 마이크, 시계, 스피커, 전화기 등에 관심을 갖게 되었고 어떻게 기계에서 소리가 나는지에 대해 호기심을 갖게 되었다. 따라서 소리나는 기계를 분해하여 그 안을 관찰해 보고, 그 부속품을 활용해 유아들만의 '소리나는 기계' 를 재구성해 보며 과학적 탐구능력 중 예측하기, 토의하기뿐 아니라 정크아트의 심미감과 창의성을 기를 수 있는 좋은 기회가 되었다.

4. 소리에 대해 생각해 보기

1) 내가 듣기 싫은 소리는? 내가 싫어하는 소리는? 내가 싫어하는 소리가 계속 들린다면 어떨까? 이 소리를 듣지 않으려면 어떻게 해야 할까?(1차 토의)

소리를 찾고 소리를 만들고 즐기면서 소리에 대해 생각해 보는 시간을 가졌다. 교사는 유아들에게 듣기 싫은 소리와 싫어하는 소리에 대해 질문하였다. 유아들은 코끼리나 사자, 돌고래 등 동물의 소리도 싫어하는 소리로 이야기하였다. 유아들이 동물을 좋아할 것 같았는데, 동물이 짖는 소리나 울음 소리는 유아들에게 싫은 소리인 것 같았다. 또한 유아들은 떠드는 소리나 뛰는 행동은 나쁘다는 생각을 하고 있었으며 대처 방안으로는 입에 반창고를 붙이거나 모르는 척 하고 지나가면 된다고 해 재미있는 생각을 엿볼 수 있었다.

유아들은 동물의 몸집이 크면 큰소리가 난다고 생각하였고 비행기나 자동차에서 나는 시끄러운 소리, 혹은 자신의 경험 중 듣기 싫었던 소리를 싫어하는 소리로 대답하였다. 싫어하는 소리를 들었을 때는 기분이 나쁘거나 고막이 찢

내가 싫어하는 소리 그림으로 표상

어진다거나 혹은 귀가 안들리게 될 것 같다고 하였다. 대처 방안으로는 귀마개를 한다, 좋아하는 소리를 알려 준다, 볼륨을 줄인다 등의 재미있는 의견을 제시하였다.

유아 1 : 난 별똥별이 떨어질 때 지지직 하는 소리가 싫어요. 별똥별한테 종이별 여자친구를 만들어 주면 별똥별이 걔랑 놀면서 예쁜 말만 하게 될 거예요.

유아 2 : 난 번개 소리가 싫어요. 시끄러워서 집 밖에 못나갈 수도 있어요. 그런데 내가 자면 되요. 자면 하나도 안 들려요.

유아 3 : 코끼리가 낄낄거려서 싫어요. 아마 귀가 아파서 병원에 가야할걸요. 코끼리한테 마스크를 씌우거나 아름다운 노래를 가르쳐 주면 되요.

그리고 난 공주 소리가 싫어요. 공주는 안 멋있었어요. 건전지를 빼면 되요. 공주는 건전지를 넣어야 소리가 나거든요.

유아 4 : 난 벌이 날 때 윙윙거리는 소리가 싫어요. 귀가 시끄러워질 것 같아요. 벌을 날지 못하게 하면 될 것 같아요. 자동차가 지나갈 때 나는 시끄러운 소리가 싫어요. 아마 귀가 안들리게 될거예요. 자동차를 우리 집 쪽으로 안지나가게 하면 되요.

유아 5 : 난 "이제부터 수영장 가자" 라는 소리가 싫어요. 수영 배우기 싫어요. 수영 모르니까 수영을 잘하면 듣기 싫은 소리를 안 들을 수 있어요.

아빠가 물에서 물 튕기면서 장난 치는 소리가 싫어요. "아빠! 맴매한다!" 라고 이야기하면 그 소리는 사라져요.

유아 6 : 달팽이를 자동차가 싣고 갈 때 달팽이랑 자동차가 합쳐서 나는 소리는 싫어요. 전 달팽이를 아주 싫어해요. 달팽이가 지나가면 한번 묻으면 지워지지 않는 액기 나오거든요. 청소차 지붕을 타고 소리가 안들리는 곳으로 비켜가면 되요. ○○이가 좋아하는 소리는 노래 소리인데, 잠잘 때는 헤드폰을 끼면 아프니까 기계는 필요없어요.

유아 7 : 난 떠드는 소리가 싫어! 귀가 떨어지겠어. 입에 반창고를 붙여야겠다.

유아 8 : 난 발소리 쿵쾅쿵쾅 거리는 거 시끄러워요. 귀가 따가워요. 귀막고 모르는 척하고 지나가면 되요.

2) 만약에 소리가 없다면? 이야기 나누기(1차 표상)

아침에 15분 정도 교실에서 소리를 내지 않고 표정, 손짓, 몸짓, 글 등으로 의사를 표현하는 시간을 가졌다. 유아들은 자신이 전하고 싶은 말을 그림으로 표현하거나 손짓, 몸짓, 글로 표현하였다. 소리 없는 교실을 짧은 시간 체험하면서

'만약 소리가 없다면?' 내가 하고 싶은 말이나 소리 그림으로 표현하기

유아들은 소리의 중요성을 깨닫고 소리가 없어지면 굉장히 불편하고 답답하며 재미가 없다는 것을 느꼈다.

유아들이 친구들에게 전하고 싶은 이야기를 표현한 그림 속 세상

유아 1 : 난 오늘 유치원에 이렇게 왔어! 우리 집에 놀러올래?
유아 2 : 난 주말에 바닷가에 놀러갈거야. 날씨가 낮에는 더워.
유아 3 : 유치원에서 집에 가는 길이야. 난 오늘 엘리베이터를 타고 왔어.
유아 4 : 주말에 소풍가서 장난감 가지고 놀자.
유아 5 : 앞마당에 가서 운전하고 내가 만든 이무기 가지고 놀자.
유아 6 : 비가 와서 꽃이 시들었어. 왜 그럴까?
유아 7 : 나랑 같이 놀자. 친구야, 사랑해.

3) 소리가 우리에게 주는 이로운 점과 해로운 점(2차 토의)

유아들은 토의하기를 통해 소리가 주는 이로움과 해로움에 대해 알게 되었다. 소리가 없는 교실에 들어갔을 때 처음에는 키득키득 웃고 장난을 치는 유아들도 눈에 띄었으나 교사 또한 유아들에게 손짓, 몸짓으로 이야기하고 글로 부교사와 이야기를 나누자 시간이 차츰 지날수록 답답함을 느끼는 모습이었다. 숨이 막히고 힘들다는 표현을 하며 빨리 말하고 싶다는 시늉을 하는 유아들도 있었다. 또한 소리나는 놀잇감이 많다보니 소리가 없으면 책보기에서 책만 봐야 할 것 같아서 싫다는 재미있는 생각을 하는 유아들도 있었다. 손으로 이야기하거나 몸짓으로 이야기하는 것이 재미있고 교실이 조용해져서 좋다는 장점을 찾아 낸 유아들도 있었다. 소리의 이로운 점과 해로운 점을 토의하며 소리의 중요성을 알 수 있는 시간이었다.

해로운 점

유아 1 : 친구에게 하고 싶은 이야기가 있었는데, 할 수 없어서 불편했어요.
유아 2 : 소리나는 영역에서 놀 수 없으니까 답답했어요.
유아 3 : 음률 놀이에서 악기도 못가지고 놀고 재미없어요.
유아 4 : 말을 못해서 힘들었어요.
유아 5 : 숨이 막혔어요.

이로운 점

유아 1 : 손으로 이야기하니까 재미있었어요.
유아 2 : 친구들 표정이 웃겨서 좋아요.
유아 3 : 교실이 조용하니까 친구들이 다 표정으로 이야기해서 좋아요.

4) 아름다운 소리 사세요

유아들이 싫어하는 소리를 조사해 보며 소음에 대한 유아들의 생각을 읽을 수 있었다. 듣기 싫은 말, 듣기 좋은 말에 대해서도 이야기하는 시간을 가짐으로써 유아들의 바른 말, 고운 말 쓰기 지도가 병행되었다. 또한 유아들은 소리 박물관 동화를 각색한 〈아름다운 소리를 파는 소리 가게〉 동극을 통해 듣기 좋은 소리에 대한 심미감을 다시 한 번 느낄 수 있었다.

동화를 들려 주고 2회 정도 동극이 이루어졌다. 교사가 OHP로 배경을 만들어 주며 동극을 진행하고 유아들은 규칙을 잘 지켜 동극에 열심히 참여하였다. 음률 영역을 소리 발명소로 정하고 소리파는 가게를 쌓기 영역, 대기실을 역할 영역으로 하였는데, 소리 발명소에서 유아들이 만들어 온 악기를 소리가게에 만들어서 건네 주면서 각 영역에 골고루 활용되었다.

유아들은 〈소리 사세요〉 동극을 하면서 소리가 가진 의미를 재발견하였다. 유아들은 동극을 준비하고 진행하며 친구들과 협력하여 서로를 긍정적으로 생각할 수 있게 되었다. 또한 소리를 민감하게 들어보고 동극이라는 활동을 통해 소리를 표현하는 과정 속에서 일상생활의 소리를 발견할 수 있었다. 유아들은 일상생활 속에서 소리를 즐길 수 있게 되었고 자신이 소리를 창조하는 음악적 감수성 및 표현력을 기를 수 있게 되었다.

동극을 준비 중인 유아

공극을 마친 유아들

유아들이 각색한 대본 (소리 사세요!)

어느날 나뭇가지 하나가 땅으로 떨어졌어요. 나무는 자신의 가지가 땅에 떨어지며 내는 소리를 듣고 '타라락 소리가 정말 예쁜데' 라고 생각했어요.

나무는 뚝딱뚝딱 아저씨한테 가서 "나뭇가지가 땅에 떨어질 때 나는 소리를 만들어 주세요."라고 부탁했어요.

뚝딱뚝딱 아저씨는 작업실에 가서 나뭇가지가 땅에 떨어질 때 나는 소리 기구를 만들었어요. 그리고 그 소리 기구는 시장에서 팔리게 되었어요.

"타라락 소리 사세요! 타라락 소리 사세요!" 나무가 그 소리를 사갔어요.

비오는 어느날, 비는 자신이 나뭇잎 위로 구르는 소리를 듣고 '또로로롱 소리가 정말 예쁜데' 라고 생각했어요. 비는 뚝딱뚝딱 아저씨한테 가서 "빗방울 소리를 만들어 주세요."라고 부탁했어요.

뚝딱뚝딱 아저씨는 작업실에 가서 빗방울 소리 기구를 만들었어요. 그리고 그 소리 기구는 시장에서 팔리게 되었어요.

"또로로롱 소리 사세요! 또로로롱 소리 사세요!" 비가 그 소리를 사갔어요.

물고기는 바다 속을 헤엄치며 파도 소리를 듣고 '쏴아 쏴아 소리가 정말 멋진데' 라고 생각했어요. 물고기는 뚝딱뚝딱 아저씨한테 가서 "파도 소리를 만들어 주세요."라고 부탁했어요.

뚝딱뚝딱 아저씨는 작업실에 가서 파도 소리 기구를 만들었어요. 그리고 그 소리 기구는 시장에서 팔리게 되었어요.

"쏴아 쏴아 소리 사세요! 쏴아 쏴아 소리 사세요!" 물고기가 그 소리를 사갔어요.

구름은 공중을 떠돌며 바람이 자신을 밀 때 나는 소리를 듣고 '휘익 소리가 정말 멋진데' 라고 생각했어요. 구름은 뚝딱뚝딱 아저씨한테 가서 "바람소리를 만들어 주세요."라고 부탁했어요.

뚝딱뚝딱 아저씨는 작업실에 가서 바람 소리 기구를 만들었어요. 그리고 그 소리 기구는 시장에서 팔리게 되었어요.

"휘익 소리 사세요! 휘익 소리 사세요!" 구름이 그 소리를 사갔어요.

어느날 ○○는 길을 걷다 '쿵쿵 소리가 재밌는데' 라고 생각했어요. ○○는 뚝딱뚝딱 아저씨한테 가서 "걷는 소리를 만들어 주세요."라고 부탁했어요.

뚝딱뚝딱 아저씨는 작업실에 가서 걷는 소리 기구를 만들었어요. 그리고 그 소리 기구는 시장에서 팔리게 되었어요.

"쿵쿵 소리 사세요! 쿵쿵 소리 사세요!" ○○가 그 소리를 사갔어요.

어느날 나무, 비, 물고기, 구름, ○○이는 "소리 연주회가 열립니다."라고 적힌 포스터를 보았어요.

'와! 재미있겠다. 내가 산 소리를 다른 사람들에게도 들려줘야지!' 라고 생각한 나무, 비, 물고기, 구름, ○○이는 연주회가 열리는 곳으로 자신이 산 소리 기구를 가지고 가서 즐겁게 연주하였답니다.

출처 : 파란하늘반 어린이들이 각색한 대본(2007)

5. 소리 만들기

1) '소리' 전시회를 다녀와서

국립민속박물관에서 열린 '소리' 전시회는 유아들에게 그림에서도 소리가 날 수 있다는 새로운 발상을 경험할 수 있게 해주었다. 유아들은 다양한 재료들이 소리를 낼 수 있는 악기가 될 수 있다는 것에 대해 호기심을 갖게 되었다. 유치원으로 돌아온 유아들은 내가 그린 그림에서 나는 소리들을 창조해 내기 시작했다.

전시회를 관람 중인 유아들

2) 내가 그린 그림에서 나는 소리

유아들은 소리 전시회를 다녀온 후 사후활동으로 자신들이 그림을 그리고 어떤 소리가 나는지 상상해 보는 활동을 하였다.

유아들은 그림에 숨은그림찾기처럼 버튼을 그려 놓았고 의성어와 의태어를 구분하기보다는 똑같은 소리로 인식하는 모습을 볼 수 있었다. 또한 "버튼을 누르면 소리가 나요."라고 이야기하는 유아는 소리나는 책을 읽어 본 듯 하였다. 교사는 언어 영역에서 동화 속 의성어, 의태어 찾기와 소리나는 책 만들기 활동을 계획하였고 유아들은 책 만들기 활동을 통해 그림에서 나는 소리를 만들기 시작했다.

유아 1 : 책에서는 재미있는 소리가 나요.
마리아~ 아베마리아~ 마리아~ 호 아리아~ 히

유아 2 : 청록색을 누르면 바스락 바스락거려요. 분홍색을 누르면 꽃피는 소리가 들려요.

유아 3 : 태권V 버튼을 누르면 태권V 발소리, 노랫소리가 나요.

유아 4 : 주황색 버튼을 누르면 '짹짹짹' 참새 소리가 나요.
나비를 누르면 '싹싹싹' 소리가 나요.

유아 5 : 숨어 있는 영어단어를 눌러요
A : 강아지 소리가 나요. O : 고양이 소리가 나요.
B : 피아노 소리가 나요. W : 피리 소리가 나요.

유아 6 : 맨 위에 있는 주황버튼을 누르면 무지개랑 꽃이 나비랑 구름이랑 노래해요.
어떤 노래인지는 모르겠어요. 아! 참새도 노래해요.

그림에서 소리가 나요

파란색을 누르면
꽃이 활짝 피는 소리가 나요.
꽃을 누르면 꽃이
움직이면서 팔랑팔랑
나비 소리가 나요.

빨간색을 누르면
장구 소리가 나요.
쿵덕덕 소리요.

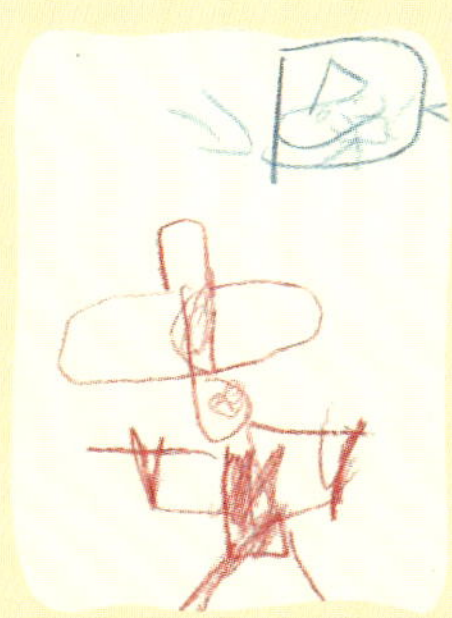

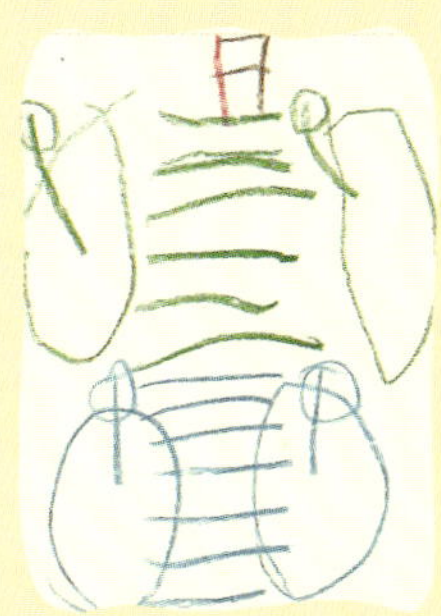

6. 소리 즐기기

1) 소리놀이터

(1) 소리놀이터에 대한 유아들의 생각 모으기

유아들과 소리놀이터에 대한 생각을 이야기 나누었다. 유아들에게 사진을 찍어 설계도를 그려 보게 하려고 하였는데, 틀을 주는 것보단 자유로운 생각을 듣고 싶었다. 그래서 틀을 주지 않았더니 유아들의 자유로운 생각들이 쏟아져 나왔다. 유아들은 자신들이 원하는 소리놀이터를 그리는 모습이었고 현실적인 생각보다는 '산을 달고 싶어요', '별을 달고 싶어요' 등 추상적인 소리놀이터를 설계하는 모습을 보였다. 1차 설계도 작업 후 놀이터의 색깔은 무지개색으로 결정되었고 모양은 쌓기 영역에서 팀별로 작업 후에 투표를 통해 결정하기로 계획하였다.

소리놀이터 설계도

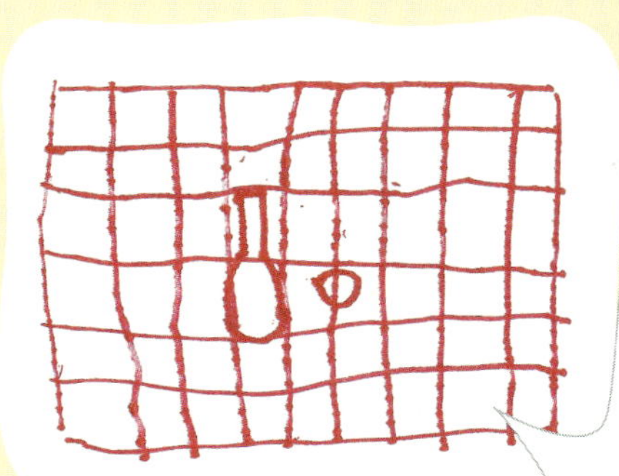

프라이팬이랑 자석이랑 별이랑 코끼리를 달아요.
이걸 달면 예쁜 소리가 날 것 같아요.
집놀이터를 만들어요. 지진 소리, 요리하는 소리, 칼 소리,
장난치는 소리, 자는 소리가 나요. 꽃도 달아 주면 예쁠 것 같아요.
드라이기놀이터를 만들어요. 바퀴도 달고 드라이기랑 장난감도
달아요. 고리도 달고 펜치 그게 다예요. 부딪쳐서 소리가 나요.
거미줄놀이터를 만들어요. 여기에는 모든지 다 붙어요.
캐스터네츠, 조개, 나무도 달고. 이제 알고 있는 악기가 없다.
북이랑 꽹과리도 달고.
연놀이터에서는 바람 소리가 들려요. 여러 가지 색으로 구름을
만들고 비가 내리면 비 소리도 들을 수 있어요.
무지개놀이터를 만들고 싶어요. 사자, 고양이, 멍멍이, 토끼를
키우면 밤에 놀이터를 지켜 줄 수 있어요.
비랑 무지개놀이터예요. 비는 긴 비닐에다 흰 휴지를 넣어
만들고 종이에 무지개를 오려서 달아요.
난 무지개가 좋아요. 바람 소리, 나비가 날개짓 하는 소리,
구름을 달고 비는 물이라서 못다는데,
물레방아를 만들까?

(2) 소리놀이터 설계하기

자유선택활동시간에 쌓기 영역에서 팀별로 소리놀이터 제작을 하였다. 화이트보드에 설계도를 그리고 팀별로 의논하여 자유롭게 블록을 선정하고 철망을 사용하여 소리놀이터를 구성하였다. 1차 작업으로 그림으로 설계도를 그렸던 유아들은 자신들의 의견을 조정해 가며 소리놀이터를 만들기 시작했다. 완성된 작품은 정리시간에 발표하였으며 팀별로 사진을 찍어 두었다가 투표를 통하여 결정하였다.

1팀 : 배놀이터

2팀 : 성놀이터

3팀 : 스파이더맨놀이터

4팀 : 레인보우놀이터

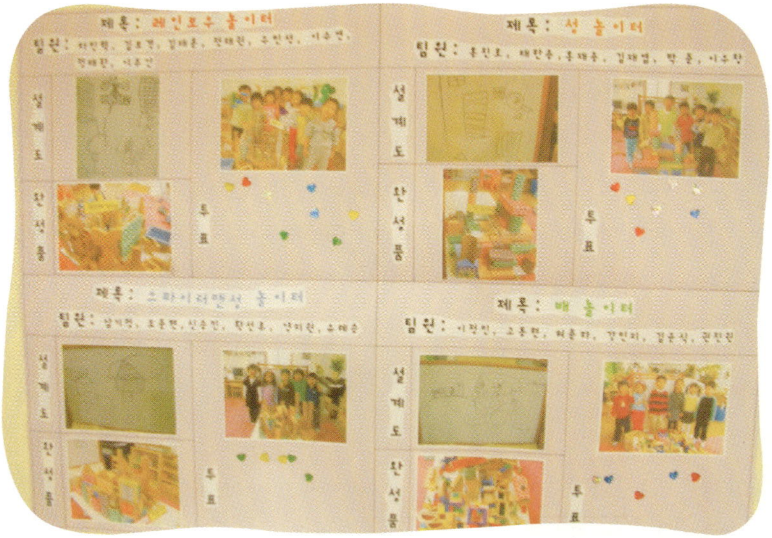

투표 결과

쌓기 영역에 미니 철망을 제공하자 유아들은 철망을 이용하여 소리놀이터를 제작하는 모습이 관찰되었다. 악기 미니어처, 관 블록, 동영상 등을 준비해 주어 쌓기 놀이를 다양하게 해볼 수 있는 기회를 제공해 주었다. 유아들은 이미 팀별로 만들어 본 경험을 살려 자유선택활동시간에 다양한 소리놀이터의 모습을 구성하였다.

쌓기 영역에서 소리놀이터를 구성하는 유아들

(3) 소리나는 블록 만들기

미술 영역과 쌓기 영역에서 사용할 소리나는 블록을 제작하였다. 교사는 아침 시간에 유아들에게 소리나는 블록을 만들 것이라고 이야기만 해주었는데, 유아들은 스스로 소리나는 블록을 만들고 있었다. 유아들은 마카로니와 다양한 패트병을 이용하여 마라카스를 만들고 있었다. 잠시 후 교사도 개입하여 블록을 만들자 유아들은 재활용품을 이용하여 블록을 만들기 시작했다. 한 유아는 다른 유아들과 달리 마라카스를 다리 모양으로 만드는 모습이 보였다.

한 유아가 반짝이와 셀로판지도 넣어 보았는데, 교사와 재료가 같았음에도 불구하고 다른 소리가 나자 차이점에 대해 궁금증을 가지고 비교하기 시작했다. 유아들은 교사와 블록의 재료는 같지만 재료의 양과 패트병의 크기에 따라 차이가 있음을 알아내고 양에 따라 크기에 따라 소리가 변한다는 사실을 알게 되었다. 또한 소리의 높낮이를 실험한 팀은 소리의 높낮이가 있는 것은 공기의 떨림의 양과 진동에 따라 다르다는 부분을 토의를 통해 소리나는 블록의 소리 비교를 공기의 떨림이 일어나는 공간의 측면에 맞춰 해답을 제시하는 모습이 관찰되었다.

소리나는 블록을 만드는 유아

(4) 소리놀이터 제작하기

① 내가 좋아하는 소리가 나는 악기 소개하기

유아들은 자신이 만들어 온 소리나는 도구와 악기를 소개하면서 뿌듯해 하고 자신 있어 하는 모습을 보였다. 정말 아이디어가 뛰어난 악기들도 눈에 띄었다. 유아들은 앞마당에서 자신들이 만들어 온 악기를 소리놀이터에 달면서 흐뭇해 하고 빨리 가지고 놀고 싶어 하였다. 아직 만들어 오지 못한 유아들은 교사가 준비한 여러 도구들을 달게 하였고 아직 완성되지는 않았지만 도구들을 이용하여 소리를 내며 즐거워하였다.

유아 1 : 내가 만든 악기는 변신 악기예요. 저는 망치 소리를 좋아하는데, 재미있는 소리가 나서 좋아해요. 이 악기는 4가지 방법으로 연주할 수 있어요. 흔들거나 허벅지에 두드려도 되요. 아니면 두 개를 부딪치게 하거나 시소처럼 기울이며 연주할 수 있어요.

유아 2 : 나는 말울음 소리 히잉히잉 하는 것을 좋아해요. 말등의 갈퀴가 부드럽거든요. 내가 만든 악기는 장구예요. 컵라면 상자랑 나무젓가락으로 만들었어요. 나무젓가락으로 두드리면 소리가 나요.

유아 3 : 내가 좋아하는 소리는 파도 소리예요. 전 시원한 바다를 좋아하거든요. 종이 상자에 예쁜 모래를 넣었어요. 좌우로 기울여 주면 파도 소리가 나요. 두 번째 악기는 바다 소리가 나는 악기예요. 이건 비가 와도 젖지 않아요. 통 속에 돌이 들어 있고 불가사리도 붙였어요. 이 통을 흔들면 바다 소리가 나요.

유아 4 : 전 공룡의 울음 소리를 좋아해요. 공룡이 움직일 때는 나비가 나는 것처럼 펄럭펄럭 소리가 나요. 울음 소리는 곰 소리 같아서 좋아요. 입으로 바람을 불어 넣으면 소리를 낼 수 있어요. 아! 제 악기의 이름은 티라노사우루스의 나팔이에요. 또 내가 좋아하는 소리는 하프 음악 소리예요. 왜냐하면 꽃피는 소리가 나서요. 소리놀이터에 달 악기의 이름은 하프 무지개예요. 손톱으로 줄을 튕기면 아주 예쁜 소리가 나요.

유아 5 : 나는 비 소리를 좋아해요. 가족들이랑 놀러갔을 때 텐트 안에서 들었던 비 소리가 너무 예뻤어요. 플라스틱 반찬통으로 만들었는데, 쌀알을 뿌리면 소리가 나요. 쌀알이 떨어지면 앞마당의 모래를 담아서 뿌리면 되요.

악기를 소개하는 모습

② 앞마당에 제작하기

- 소리놀이터 제작 일기(첫날) : 유아들과 앞마당에서 소리놀이터를 만들기 위해 우선 투표로 결정된 모양대로 철망을 유아들이 잡고 있고 삽으로 바닥에 스케치를 하였다. 스케치 후 철망을 치우고 땅을 파기 시작했다. 남아 4명이 1차적으로 땅을 파기 시작하였는데, 생각보다 잘 파지지가 않아 큰 삽으로 교사가 흙을 골라 주었다. 유아들은 모종삽의 뾰족한 부분으로 땅을 콕콕 찧은 후 흙을 덜어 내는 방법을 터득하였고 20여 분 간 꾸준히 땅을 파는 모습을 보였다. 땅을 파면서 큰돌멩이와 뿌리 등이 나오자 "감자다! 고구마 같다!" 라고 이야기하며 땅을 파면 팔수록 무엇이 나올지 궁금해 하는 모습이었다. 또한 땅을 파면 팔수록 흙의 색이 다르다는 것을 찾아내었다. 두 번째 팀으로 또 다른 남아 4명이 도와주었는데, 땅을 파다가 비닐이 나오자 유아들은 쓰레기 문제에도 관심을 가지는 모습이었다. 온누

리반과 깊은바다반 형님들도 관심있게 쳐다 보았고 "힘들지? 형님들이 도와줄게!" 하면서 플라스틱 삽을 가지고 와서 도와주었다. 곡괭이와 삽이 더 있으면 다른 반 친구나 형님들이 도와줘도 좋을 듯하다. 유아들은 "4칸 정도 팠으니까 월, 화, 수, 목, 금, 토, 일 유치원에 나와서 더 파야겠다!" 라고 이야기하며 소리놀이터 만들기에 매우 흥미로워 하는 모습이었다.

■ 소리놀이터 제작(4일째 되는 날) : 소리 놀이터를 설계하고 구상하고 제작을 시작한지 일주일이 되었다. 남자 유아들과 달리 여자 유아들은 땅을 파는 데 힘들어하는 모습을 보였고 와서 구경하는 여아들이 눈에 띄었다. 여아들은 교사가 파준 땅의 흙을 덜어 내는 정도였고 10여 분이 지나자 못하겠다며 앞마당 놀이를 하러 갔다. ○○와 ○○ 그리고 어제 도와주었던 유아 3명이 와서 땅을 파는 것을 도왔다. ㄷ자 모양의 놀이터 쪽 땅이 더 잘 파져 ㅁ자 모양보다 먼저 철망을 세울 수 있었다. 철망을 세울 때는 많은 유아들이 와서 잡아 주었다. 철망을 세우고 흙을 덮은 후 발로 꾹꾹 밟아 주었다. 몇몇 유아들은 물을 떠와서 부은 후 흙을 단단히 다져 주었고 철망을 빵끈으로 고정시켜 주었다. ㅁ자 모양의 소리놀이터는 나무 뿌리가 있어 한 쪽이 파지지 않아 유아들과 의논하여 모양을 거꾸로 된 ㄷ자 모양으로 바꾸도록 해야겠다고 교사는 생각했다.

소리놀이터 설계하기

소리놀이터 철망 래커칠하기

- 소리놀이터 제작 일기(7일째 되는 날) : 어제 구조물 하나를 세우고 오늘은 고인돌 모양으로 구조물을 세웠다. 유아들은 어제 해보아서인지 능숙하게 철망을 잡고 빵끈으로 묶기 시작했다. 어제 물을 흙에 부은 후 흙을 탄탄히 다졌던 유아들은 교사가 이야기하지 않아도 스스로 흙을 다졌다. ○○는 자신이 잡은 지렁이를 가져와 놀이터 가까이 풀어 놓았고 기르고 싶다고 하였다. ○○, ○○, ○○는 코스모스 노래를 부르며 코스모스를 심고 싶다고 하며 흙을 고르는 모습을 보였다.

놀이터를 만들어 가며 하루하루 달라지는 모습에 유아들은 기대감이 커지고 빨리 만들어서 놀이하고 싶어 하였다. 붉은 계열 놀이터 쪽에는 구입한 도구들을 달고 아직 채색하지는 않았지만 푸른 계열로 채색 예정인 틀에는 유아들이

실외 소리놀이터를 제작 중인 유아들의 모습

좋아하는 소리를 담고자 한다. 내일은 채색을 하고, 보관 중인 악기와 도구들을 철사를 이용해 달려고 한다.

하루하루가 지나면서 달라지는 소리 놀이터의 모습에 유아들의 수고와 노력이 엿보여 기분이 좋았다. 또한 유아들과 교사의 노력으로 소리놀이터를 만들면서 또래끼리 협동심도 기를 수 있는 좋은 계기가 되었다.

(5) 소리놀이터 준공식 및 소리 즐기기

① 실내 소리놀이터

유아들에게 교실의 환경 구성은 정말 중요하다는 것을 깨달았다. 유아들이 가져온 악기 중 물에 젖는 것은 교실 소리놀이터에서 연주할 수 있도록 전시하기로 하였다. 음률 영역에 있는 악기들을 천장에 달자 앉아서 연주하는 것에 흥미를 잃었던 유아들은 서로 음률 영역에 가서 놀이하려고 하였다. 또한 연통을 통해 자신의 이야기를 전달하면서 실내 소리놀이터에서 즐겁게 놀이하는 모습에서 유아들이 소리를 즐기고 있다는 것을 느꼈다.

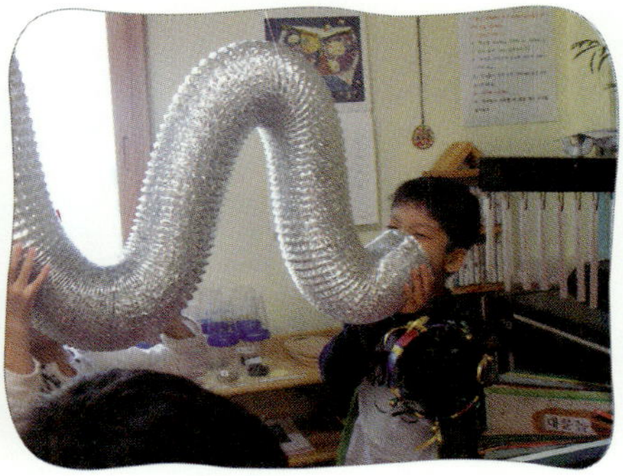

실내 소리놀이터에서 놀이하는 모습

② 소리놀이터 준공식

소리놀이터 준공식에 앞서 소리놀이터를 소개할 패널을 만들었다. 유아들이 가져온 사진을 자신들이 직접 자르고 코르크판에 붙였다. 이름과 악기이름을 쓰고 이름을 쓰지 못하는 유아들은 그림이나 자신을 나타낼 수 있는 사인을 하였다. 유아들은 자신이 가지고 온 사진을 오리고 설명을 첨부하여 패널을 만들면서 즐거워하였다. 앞마당 놀이 시에 2차 패널 작업이 이루어졌는데, 코르크판에 크레파스로 연주하는 모습 등을 채색하였다. 유아들이 완성한 소리놀이터에서 준공식으로 리본테이프를 자르고 기념 촬영을 하였다.

유아들은 앞마당 놀이를 나온 맑은샘물반 동생들을 초대하여 함께 소리놀이터에서 놀이하고 직접 연주방법을 설명해 주면서 뿌듯해 하였다.

2주 정도 소리놀이터를 제작하면서 힘들기도 하였지만 유아들이 즐겁게 놀이하고 자신들의 소리놀이터가 생겼다는 것에 자랑스러워하는 모습에 교사 또한 보람을 느꼈다.

파란하늘반 소리놀이터

소리놀이터 앞에서 기념 촬영

2) 음악, 노래, 악기가 있는 무대

(1) 준비과정

유아들과 역할 놀이에 대해 이야기 나누며 음악, 노래, 악기가 있는 공연장 놀이를 하기로 정하였다. 유아들은 주말 동안 부모님과의 음악회나 공연 관람 등을 통해 공연장에서 필요한 소품과 역할들을 정하고 제작하였다. 유아들은 2주 정도 놀이를 하면서 겪은 문제상황이나 필요한 약속에 대해 이야기하며 자연스럽게 역할과 약속이 정해졌다. 무대를 직접 꾸미고 조명 등을 만들면서 자신들이 만든 콘서트장에서 즐겁게 놀이하는 모습에서 유아들의 신명나는 콘서트장을 기대해 보았다.

공연장 무대 배경 만들기

무대에 설치할 안막 만들기

유아들이 제작한 안막

조명 만들기

교사 : 역할 영역 공연장에 무엇이 필요하니?

유아 1 : 조명이 필요해요.

유아 2 : 공연장에는 카메라가 있어요.

유아 3 : 마이크가 있으면 좋겠어요.

유아 4 : 공연할 때 입을 옷이 필요해요(넥타이, 드레스 등).

유아 5 : 팸플릿이 필요해요.

유아 6 : 티켓이랑 돈이 있어야 해요.

유아 7 : 포스터를 만들어야겠어요.

유아들이 만든 조명 기구

포스터 만들기

팸플릿과 포스터

유아들이 완성한 무대

유아들이 만든 무대에서 공연 중인 모습

(2) 공연 관람 후기

부교사가 관객역을 맡아 역할 놀이가 진행되었다. ○○가 표받는 사람을 하고 ○○가 스테프, ○○와 ○○가 연주자를 하였다. 부교사와 ○○, ○○가 관객을 하였는데, 미술 영역에서 관객이 돈을 만들어 오자 ○○는 팸플릿으로 교환해 주었고 ○○는 검정 망토를 입고 자리를 안내해 주었다. 리허설 후 연주 준비가 완료되고 막이 걷히자 ○○는 노래를 부르고 ○○는 자신의 리코더로 연주하기 시작했다. 〈인절미와 총각김치〉, 〈메아리야〉, 〈예쁜 종소리〉, 〈밀림으로〉 등을 연주하였고 중간에 쉬는 시간에 관객들은 화장실에 다녀왔다. 스태프가 연주시간을 알리고 빨리 들어오라고 하자 화장실에 다녀온 관객들은 다시 연주를 관람하였다. 관람이 끝난 후 스태프와 연주자에게 사인을 받고 함께 사진을 찍었다. 바로 프린터로 인쇄해 주었고 관객들은 기억에 남는 장면을 팸플릿에 그려오기로 하였다. 유아들은 공연장에서의 역할에 맞춰 약속을 잘 지키며 놀이하는 모습이 관찰되었다.

출처 : 교사의 관찰일지(2007)

유아들은 '음악 · 노래 · 악기가 있는 음악회' 를 준비하고 놀이하고 느낌을 나누었다. 자신들이 만든 콘서트장에서 소리를 만들어 보고 즐기며 더불어 공연장에서의 예절과 바른 태도도 가질 수 있었다.

주제를 마치며

'과학으로 만나는 소리' 라는 주제를 시작하면서 가장 처음 가졌던 고민거리는 유아들에게 '소리' 라는 개념을 어떻게 이해시키고 전달하는가 하는 것이었다. 하지만 교사의 고민과는 달리 유아들은 스스로 자신의 주변을 가득 채우고 있는 다양한 소리들에 대해 많은 관심을 가지고 있었고, 소리를 들으면서 자연스럽게 소리의 개념을 이해하고 있었다.

유아들과 함께 교실, 앞마당 등 유치원 주변의 소리를 찾아 비교해 보고 담아 보는 과정을 통해 유아들은 어느새 스스로 소리를 찾고 소리를 만나고 소리를 만들어 보며 소리를 즐기고 있었다.

유아들은 어떠한 경험을 할 때 처음에는 자신의 감정을 '좋다, 싫다' 등 단순한 언어로 표현하지만 점차 유아들의 경험에 몰입되고 흥미를 느끼며 다양한 언어로 감정을 표현하게 되었다.

이처럼 유아들은 우리 주변의 소리들을 악기로 만들고, 악기를 연주해 보며 다양한 언어로 자신이 발견한 소리들을 표현하는 것을 볼 수 있다. 무심코 지나쳤던 소리들에 대해 악기 소리에 비유해서 이야기하는 것을 즐기고, 소리에 대한 경험들에 대해 자주 표현하게 되면서, 소리에 관심을 가지고 소리의 특징에 대해 생각해 보았다.

유아기는 소리를 탐색하고 스스로 소리 만들기에 참여하며 소리를 발견해 내는 시기이다. 유아들에게 소리를 만드는 경험은 큰 흥미와 정서적 안정감을 주었으며, 일상 생활 속에서 유아들이 소리를 즐기는 태도를 갖게 했다.

또한 유아들이 소리를 담는 방법에 관심을 가지며 소리가 나는 기계들을 분해해 보는 실험활동 등을 통하여 예측하기, 분류하기, 실험하기, 토의하기 등의 과학적 탐구능력을 기를 수 있었다.

유아들과 '과학으로 만나는 소리' 라는 주제를 시작하면서 지루하지 않고 다양하고 깊이 있게 주제가 전개되도록 고민을 많이 하였다. 유치원 현장에 교사로 있으면서 소리를 과학적으로 접근한다는 것은 생각보다 어려웠다. 하지만 유아들의 일상 속에 스며들어 있는 소리에 대한 과학적 요소와 생각들을 끄집어 내주고 흥미를 가지고 접근할 수 있도록 도움을 주었다.

어느새 주제가 끝날 무렵, 유아들에게 소리는 진동, 파동, 음파 등의 어려운 개념이 아니라, 새로운 접근을 통해 만난 소리가 즐겁고 재미있는 놀잇감이 된 듯 보였다. 유아들과 교사 모두 우리가 만든 소리를 즐기며 소리를 과학으로 쉽게 이해할 수 있게 된 것이다.

'소리를 과학적으로 쉽게 접근할 수 있는 방법은 무엇일까?', '아이들에게 소리를 어떻게 이해시킬 수 있을까?" 한 달간 내 자신에게 가장 많이 물어보았던 질문이 아닐까 생각합니다. 소리에 대한 책을 찾아보고 파란하늘반 개구쟁이들과 함께 고민해 보면서 힘들기도 했지만, 지나고 보니 아이들과 1년 중 가장 즐거운 시간을 보낸 것 같습니다. 한 권의 책이 나오기까지 도움을 주신 부모님, 부교사 손은혜 선생님, 무엇보다 저에게 항상 웃음을 준 26명의 파란하늘반 친구들과 학부모님께 감사의 마음을 전하고 싶습니다.

2008년 여름

파란하늘반 교사 남상지

III

교사를 위한 교육활동안

Ⅲ 교사를 위한 교육활동안

1) 교육활동안 : 활동의 예 1

<table>
<tr><td rowspan="2">활동명</td><td rowspan="2">높은 소리, 낮은 소리</td><td>대상 연령</td><td>만 4세</td></tr>
<tr><td>활동 영역</td><td>과학</td></tr>
<tr><td>교육 목표</td><td colspan="3">• 윈드벨 연주를 통해 '길이' 에 따라 음의 높낮이가 달라짐을 경험한다.
• 길이를 나타낼 수 있는 다양한 재료를 사용해 음의 높낮이를 표상화한다.
• 음의 높낮이를 표상하며, 길이를 측정할 수 있다.</td></tr>
<tr><td>활동 자료</td><td colspan="3">윈드벨, 물 실로폰과 막대, 음의 높낮이가 표시된 악보, 굵기가 다른 호스, 수수깡, 나무젓가락, 알루미늄통, 낚싯줄, 모빌대 등
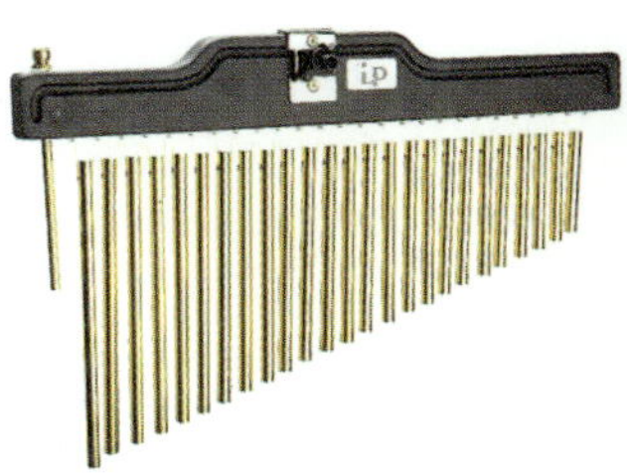 </td></tr>
<tr><td>활동 내용</td><td colspan="3">1. 물감이 들어 있는 투명 유리병을 제시한다
교사 : 이것은 무엇일까? 선생님은 이 유리병으로 악기를 만들어 보려고 해.
○○야, 나와 보겠니? 이 유리병에 물을 따라보자.</td></tr>
</table>

활동 내용

(교사는 사전에 '도레미파솔라시도' 소리가 나는 위치를 유리병 표면에 표시하고, 유아가 적정선까지 물을 따를 수 있도록 지도한다)

교사 : (막대로 유리병을 두드리며) 어떤 소리가 나지?

유아 : 팅팅, 라라, 병이 부딪칠 때 나는 소리요.

교사 : 왜 소리가 다르게 나는 것일까? 왜 이것은 높은 소리가 나고, 이것은 낮은 소리가 날까?

유아 : 물의 높이가 달라서요! 물이 다르게 담겨져 있어서요.

교사 : 아, 물의 높이가 달라서 소리도 다르게 나는구나!
(윈드벨을 제시하며) 그럼 이 소리는 어떻게 들리니?
이것은 왜 소리가 다르게 나는 것일까?

유아 : 길이가 달라요! 막대기가 긴 것도 있고 짧은 것도 있어요.

교사 : 아, 이것도 길이가 달라서 소리가 다르게 나는 것이구나.

유아 : 길이가 짧은 건 높은 소리가 나고, 길이가 긴 건 낮은 소리가 나요.

교사 : 이렇게 악기는 길이에 따라서 높은 소리, 낮은 소리를 낼 수 있는데, 오늘은 과학 영역에서 이 소리의 높낮이를 여러 가지 재료를 이용해 만들어 보는 활동을 하려고 해.

2. 팀별로 하나 혹은 두 개의 작품을 만들 수 있도록 한다

교사 : 호스, 수수깡, 나무젓가락, 빨대, 알루미늄통 중에서 어떤 재료로 만들어 보고 싶니?
낮은 소리를 내려면 길이가 길어야 할까? 짧아야 할까?
점점 소리가 높은 소리가 나도록 하려면 길이가 어떻게 되어야 할까?

3. 유아들이 직접 노래를 부르거나 악기 연주를 통해 소리의 높낮이와 길이를 연관시켜 생각하고, 이를 표상화할 수 있도록 한다. 높은 소리는 짧게, 낮은 소리는 길게 표상화할 수 있도록 한다

4. 유아들이 구성한 작품을 소개한다

교사 : 소리의 높낮이를 표현해 보니 어땠니?
소리 표현할 때 어떤 점이 재밌었니?/어떤 점이 어려웠니?

활동 내용	5. 유아들이 구성한 작품은 모빌형태로 게시한다 6. 유아들이 구성한 작품과 함께 음의 높낮이가 표시된 악보를 제시하여, 음의 높낮이에 따라 연주해 볼 수 있도록 한다
평 가	소리 관련 활동을 하면서 유아들은 주변의 다양한 소리를 탐색하며, 소리가 어떻게 생기는지, 어떻게 들리는지, 소리로서 느껴지는 파동에 대해 관심을 갖고 이에 대해 알 수 있었다. 이를 경험하며 소리의 높낮이, 세기 등에도 관심을 갖게 되었는데, 이 중 소리의 높낮이를 탐색하며 그 원리를 이해하고, 그 원리를 적용하여 소리의 높낮이를 표상해 보고자 이 활동을 선정하게 되었다. 유아들은 윈드벨과 물 실로폰을 탐색하며 '길이'의 차이에 따라 음의 높낮이가 달라진다는 것을 알고, 이를 호스, 수수깡, 나무젓가락, 알루미늄통 등으로 표상화하면서 소리의 높낮이를 경험할 수 있었다.

2) 교육활동안 : 활동의 예 2

<table>
<tr><td rowspan="2">활동명</td><td rowspan="2">소리 사세요</td><td>대상 연령</td><td>만 4세</td></tr>
<tr><td>활동 영역</td><td>동극</td></tr>
<tr><td>교육 목표</td><td colspan="3">• 이야기의 내용을 이해한다.
• 맡은 역할을 언어와 행동으로 적절히 표현해 본다.
• 동극을 관람할 때의 바른 태도를 기른다.</td></tr>
<tr><td>활동 자료</td><td colspan="3">뚝딱뚝딱 아저씨 · 감나무 · 빗방울 · 니모 · 흰구름 · 다솜이 · 가게주인 역할 의상, 5가지 소리 내는 기구, 소리 내는 기구를 사기 위해 지불하는 것(5가지), 무대 배경(OHP 기계, OHP 필름), 배경 음악
 </td></tr>
<tr><td>활동 내용</td><td colspan="3">1. 《소리 사세요》 OHP 동화를 들려 준다

2. 동화 내용을 이야기해 본다
교사 : 《소리 사세요》이야기에는 누가 나왔는지 생각나니?
유아 : 빗방울이요./니모요./흰구름이요./다솜이요./뚝딱뚝딱 아저씨요.
교사 : 뚝딱뚝딱 아저씨에게 감나무는 어떤 소리를 만들어 달라고 했니?
(빗방울은?/니모는?/흰구름은?/다솜이는?)
소리가게에서 소리나는 기구를 사기 위해 감나무는 주인에게 무엇을 주었니? (빗방울은?/니모는?/흰구름은?/다솜이는?)
소리연주회 포스터를 보고 모두 어떻게 했지?
유아 : 다같이 모여 연주회를 열었어요.
교사 : 자, 우리가 직접 뚝딱뚝딱 아저씨, 감나무, 빗방울, 니모, 흰구름, 다솜이, 가게주인이 되어 이야기를 꾸며 보자.
뚝딱뚝딱 아저씨 하고 싶은 친구?
(감나무, 빗방울, 니모, 흰구름, 다솜이, 가게주인 역할을 정한다.)

3. 교사는 각 역할을 맡은 유아가 역할에 따른 의상을 착용하는 것을 도우며, 무대를 세팅한다</td></tr>
</table>

활동 내용

4. 동극을 위한 소품과 무대가 준비되면 동극을 시작한다

처음에는 교사가 해설과 대사를 해주고 따라해 보도록 한다. 익숙해지면 유아 스스로 대본과 똑같지 않더라도 말할 수 있다.

5. 이야기가 다 끝난 뒤에 한사람씩 소개하고 인사한 후 자리로 돌아가 앉는다

6. 동극을 마친 후 느낌에 대해 이야기 나눈다

교사 : 관객 태도는 어떠하였니? 동극을 하는 친구들의 태도는 어떠하였니?
유아 : 목소리가 커서 잘 들렸어요.
너무 재미있어요. 또 하고 싶어요.
친구들이 박수를 많이 쳐줘서 기분이 좋아요.
교사 : 어떤 점이 재미있었니? 어떤 점이 어려웠니?
유아 : 친구들이 가져온 악기로 연주하니까 너무 재미있어요.
우리가 정말 소리를 만드는 뚝딱뚝딱 아저씨가 된 것 같아요.

평 가

'소리' 주제를 전개하며 유아들은 주변의 소리에 관심을 갖고 탐색하면서, 직접 소리를 만들고 즐기며 놀이하고 있다. 이에 《소리 박물관》 동화책에 나오는 소리 기구를 발명하는 뚝딱뚝딱 아저씨의 모티브를 가져와 '아름다운 소리를 만들어 내고 즐기는 것' 에 초점을 두어 동화 내용을 각색하였다.

아름다운 소리에 관심을 갖고 뚝딱뚝딱 아저씨가 만든 아름다운 소리를 내는 소리 기구를 사서 그 소리를 즐기는 동화의 내용을 이해하고, 동화에 나오는 등장인물의 역할을 맡아 직접 극놀이를 해봄으로써 보다 아름다운 소리를 만들고 즐길 수 있는 좋은 기회가 되었다.

3) 교육활동안 : 활동의 예 3

<table>
<tr><td rowspan="2">활동명</td><td rowspan="2">소리가 움직여요</td><td>대상 연령</td><td>만 4세</td></tr>
<tr><td>활동 영역</td><td>신체</td></tr>
<tr><td>교육 목표</td><td colspan="3">• 스카프를 이용해 소리의 움직임을 창의적으로 표현한다.
• 소리의 특징에 따라 신체 움직임을 조절할 수 있다.</td></tr>
<tr><td>활동 자료</td><td colspan="3">음파 동영상 자료(곽윤찬 재즈곡), 빔프로젝터, 스카프
 </td></tr>
<tr><td>활동 내용</td><td colspan="3">1. 유아에게 준비된 음악을 들려 주고 느낌에 대해 이야기를 나눈다
교사 : 이 음악을 들으니 어떤 기분이 드니? 어떤 느낌이니?
소리가 어떻게 움직이는 것 같니?
스카프가 음악이 되어 움직인다면 이 음악 속에서 어떻게 움직일지 표현해 보자.

2. 6~8명 유아를 앞으로 나오게 하여, 스카프 한 개씩 선택하게 한다
스카프를 이용해 어떻게 움직일 수 있는지 자유롭게 탐색할 시간을 준다.

3. 탐색이 끝난 후 준비한 음악을 들려 주며 유아들이 자유롭게 표현할 수 있도록 한다
교사 : 소리가 점점 커지네? 소리 스카프가 어떻게 움직일까?
점점 크게 흔들어 보자.
스카프를 천천히 움직여 보자. 아주 살살 흔들어 보자.
소리가 통통 튀는 것 같다. 소리 스카프가 어떻게 움직일까?
스카프를 위로 던져 보자. 높이 던져 보자. 아주 높이 던져 보자.
소리가 동글동글 굴러가는 것 같다.
스카프를 돌려 보자. 천천히~ 점점 빠르게~~~

4. 음악이 끝난 후 스카프를 정리하고 자리로 돌아갈 수 있도록 한다

5. 다른 팀도 바꾸어 신체표현을 한다</td></tr>
</table>

활동 내용	6. 신체표현 후의 느낌에 대해 이야기를 나눈다 교사 : 너희들이 음파가 되어 보니 어떤 기분이니? 유아 : 소리가 꿈틀꿈틀 움직이는 것 같아요. 스카프를 돌리며 동글동글 움직이는 소리가 되어보니 좋았어요. 직접 소리가 되어 움직이니 좋아요. 전기소리가 나는데, 무섭진 않아요. 달걀처럼 꼬불꼬불 소리가 움직였어요. 소리는 네모, 세모 모양이에요. 번개치는 모양 같기도 해요. 소리가 펑펑 치고 요리조리 움직였어요. 소리가 여러 색깔로 움직여요. 회오리 소리도 나고 함정 전기소리도 나요. 소리가 꽃 피는 것처럼 삐릿 소리가 연결해 움직여요. 소리가 동글동글 눈이 내리는 것처럼 움직여요. 7. 사후활동으로 신체표현 후 음파를 그림으로 표상해 본다  
평 가	유아들과 예전에 소리의 파동과 진폭에 대해 실험활동을 하면서 매우 흥미 있어 하던 터라 여러 가지 파동과 진폭의 모양에 대해 재미있어 하였다. 5팀으로 나누어 스카프를 이용하여 목소리와 연주 소리에 따라 달라지는 영상을 보며 신체표현을 하였다. 스카프를 던지는 모습, 스카프를 구부리는 모습, 스카프를 펼쳐서 둥글게 만드는 모습 등 다양하게 신체로 표현하였다. 주제를 전개하며 유아들은 음파를 시각적으로 보고 느끼며 이를 미술활동으로 표현해 보는 활동을 경험해 보았는데, 이와 더불어 유아들이 음파를 직접 몸으로 표현하여 보다 소리의 움직임을 다양하게 느껴볼 수 있었다.

4) 교육활동안 : 활동의 예 4

<table>
<tr><td rowspan="2">활동명</td><td rowspan="2">음악, 노래, 악기가 있는 무대
(신나는 공연장 놀이)</td><td>대상 연령</td><td>만 4세</td></tr>
<tr><td>활동 영역</td><td>역할</td></tr>
<tr><td>교육 목표</td><td colspan="3">• 공연 진행과정에 대해 이해하고 공연 놀이를 즐긴다.
• 공연을 진행하는 데 있어 각자가 맡은 역할(연주자, 관객, 스태프 등)에 따라 행동할 수 있다.</td></tr>
<tr><td>활동 자료</td><td colspan="3">공연 실황 동영상 자료, 빔프로젝터, 공연 놀이에 필요한 소품(티켓, 돈, 팸플릿, 역할 목걸이, 규칙판 등)

</td></tr>
<tr><td>활동 내용</td><td colspan="3">1. 유아들과 함께 공연 실황 동영상을 감상하며, 이야기를 나눈다
(정명훈의 브람스 관현악단, 카네기홀 재즈공연 : 5분 이내)
2. 가능한 동영상 속의 음악을 감상할 수 있도록 배려하며, 중간중간 동영상에서 보이는 사람, 악기, 음악적 특징에 대해 설명해 준다
3. 동영상 속의 공연 모습과 관련시켜, 파란하늘반의 '음악, 악기, 노래가 있는 무대'에서의 공연에 대해 이야기를 나눈다
교사 : 놀이에 필요한 역할은?
(연주자 3명, 관객 4명, 스태프 1명, 표 파는 사람 1명)</td></tr>
</table>

활동 내용

4. 각 역할의 하는 일과 공연 진행순서를 유아들과 이야기 나눈다

교사 : 표 파는 사람은 무엇을 할까?

유아 : 관객한테 팸플릿을 주고 돈을 받아요.

교사 : 관객은 공연을 보러 가서 어떻게 해야 할까?

유아 : 표를 사고 공연장에 가서 공연을 봐요.

교사 : 연주자는 공연을 하기 전에, 그리고 공연을 하고 나서 어떤 역할을 하면 좋을까?

유아 : 대기실에서 분장해요. 화장도 하고.
연주하기 전에 스태프에서 준비됐다고 알려요.
공연이 끝나면 관객들에게 인사하고 같이 사진 찍어요.

교사 : 스태프는 무엇을 하는 사람일까?

유아 : 앰프 옆 의자에 앉아서 소리(음향)를 크게, 작게 해줘요.
장막을 걷어줘요.

5. 역할 놀이 시 지켜야 할 규칙을 정한다

활동 내용	교사 : 우리가 지켜야 할 규칙은 뭘까? 어떻게 하면 약속을 잘 지키며 놀이할 수 있을까? 유아 : 관객은 바른 태도로 관람해요. 연주자는 악기를 바르게 연주해요. 공연장에서 뛰지 않아요. 대기실의 소품, 악기 등은 사용한 후 정리해요. 유의사항 • 공연진행순서에 대해 유아들의 의견을 수렴한 후 교사가 직접 역할 영역에서 시범을 보이며 진행순서를 정리해 준다. • 유아들과 함께 정한 규칙은 공연장 벽면에 부착하여 놀이 시 이를 보고 규칙을 지킬 수 있도록 한다. – 놀이 시 어떤 점이 재밌었니? 어떤 점에서 문제가 발생했니? – 더 필요하다고 생각되는 규칙이 있니?
평 가	소리 주제를 전개하며 역할 영역은 '공연장' 이 되어 유아들은 연주자, 관객으로서 공연놀이를 전개하고 있다. 이에 공연문화에 대해 보다 잘 이해하고 각자 맡은 역할에 따라 어떠한 역할을 하며, 공연이 원활하게 진행되기 위해서는 어떠한 순서로 진행되면 좋을지에 대해 서로 의견을 나누어 보다 즐겁게 역할 놀이를 할 수 있었다.

5) 교육활동안 : 활동의 예 5

<table>
<tr><td rowspan="2">활동명</td><td rowspan="2">정크아트</td><td>대상 연령</td><td>만 4세</td></tr>
<tr><td>활동 영역</td><td>과학 · 조형</td></tr>
<tr><td>교육 목표</td><td colspan="3">• 도구를 사용해 기계를 분해한다.
• 분해 후 관찰을 통해 소리나는 기계의 원리에 대해 이해한다.
• 기계 속 부품을 사용해 나만의 소리나는 기계를 만들 수 있다.</td></tr>
<tr><td>활동 자료</td><td colspan="3">소리나는 기계(카세트, 전화기, 스피커, 시계, 컴퓨터 키보드 등), 십자 드라이버, 오공본드, 재활용품(플로피디스켓, CD, 카세트테이프, 종이상자, 스티로폼 공 등)
  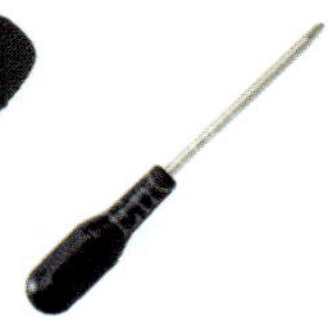 </td></tr>
<tr><td>활동 내용</td><td colspan="3">1. ‘소리나는 기계 속에는 어떠한 것들이 들어 있을까?’ 에 대해 예측해 보고, 기계 속에 들어 있을 것 같은 것을 그림으로 표현해 보도록 한다

2. ‘그 기계 속에 들어 있는 부품으로 무엇을 만들고 싶니?’ 에 대해 그림으로 표현해 보도록 한다. 유아와 함께 직접 소리나는 기계를 분해하고, 기계 속을 관찰한다
교사 : 기계 속에는 무엇이 있지?
이 전선은 어디로 연결되어 있을까?
전선 안은 어떻게 생겼는지 잘라보자!
유아 : 스피커마다 동그랗게 생긴 자석이 있네?
버튼을 누르니 톱니바퀴처럼 기계가 움직이네?

3. 관찰 후 자신이 만들고 싶은 소리나는 기계를 부품을 사용해 만들어 본다. 기계 부품과 함께 재활용품을 제공하여 자유롭게 만들어 볼 수 있도록 한다
• 소리나는 기계가 가지고 있는 특성을 살려서 재구성할 수 있도록 상호 작용한다.
• 유아들이 직접 오공본드를 사용해 부품을 붙일 수 있도록 하고, 부품의 무게로 인해 잘 붙지 않는 경우에는 교사가 글루건을 사용해 붙이는 것을 도와준다.
• 십자 드라이버를 사용하여 유아가 직접 분해할 수 있도록 하며, 교사는 도구 사용방법을 알려 주고 유아의 능력에 따라 도움을 제공한다.
• 정크아트란 : 일상생활에서 나온 부산물인 폐품(잡동사니)을 소재로 제작한 미술 작품을 말한다.</td></tr>
</table>

활동 내용	4. 유아들이 재구성한 소리나는 기계를 소개하고 느낌을 나눈다 교사 : 어떤 점이 재미있었니? 어떤 점이 어려웠니? 너희가 실제로 분해해 봤을 때 소리나는 기계에 들어 있을 것 같다고 예측했던 것과 무엇이 달랐니? 무엇이 같았니?      
평 가	유아들은 소리나는 기계, 즉 카세트, 마이크, 시계, 스피커, 전화기 등에 관심을 갖게 되었고 어떻게 기계에서 소리가 나는지에 대해 호기심을 갖게 되었다. 따라서 소리나는 기계를 분해하여 그 안을 관찰해 보고, 그 부속품을 활용해 유아들만의 '소리나는 기계'를 재구성해 보며 과학적 탐구능력 중 예측하기, 토의하기뿐 아니라 정크아트의 심미감과 창의성을 기를 수 있는 좋은 기회가 되었다.

6) 교육활동안 : 활동의 예 6

활동명	동시 짓기 〈소리를 찾아서〉	대상 연령	만 4세
		활동 영역	언어
교육 목표	• 주변의 소리에 관심을 갖는다. • 주변의 소리와 소리에 대한 자신의 느낌을 글로 표현한다. • 시를 감상하며 느낌을 나눈다.		
활동 자료	각 팀별 주제 관련 소리 CD와 테이프, 카세트, 각 팀별 주제 관련 사진, 동시판  		
활동 내용	1. 동시의 의미에 대해 이야기 나눈다 교사 : 오늘은 우리 팀의 소리에 관한 동시를 지어보려고 하는데, 동시란 무엇일까? ('동시' 를 지을 때 어떻게 지어야 할지에 대해 의견을 나눈다 : 우리의 느낌을 짧게 표현한다, 상상하며 짓는다, 아름다운 말 · 재미있는 말을 생각하며 짓는다 등) 그럼, 너희들이 좋아하는 소리를 가지고 동시를 지어보도록 하자. 동시란 '동심의 세계를 표현한 시' 로 어린이가 직접 지은 시는 '어린이 시' 라고도 한단다. 2. (각 팀별 주제 관련 사진을 보며) 유아가 소리를 상상하면서 느낌을 표현할 수 있도록 하며 함께 동시를 짓는다 교사 : 사진 속에서 어떤 소리가 들리는 것 같니? ㅇㅇ에서 들리는 소리 중 네가 좋아하는 소리는 어떤 소리니? 그것은 어떤 소리가 나지?(의성어) 왜 그 소리가 좋니? 그 소리를 들으면 어떤 기분이 드니?		

활동 내용

3. 교사는 유아들이 말하는 것을 기록한다

   팀별주제
   - 물에서 나는 다양한 소리를 찾아서
   - 몸에서 나는 소리를 찾아서
   - 앞마당에서의 놀이 소리를 찾아서
   - 교실에서의 놀이 소리를 찾아서

4. 동시를 지은 후 전체 유아 앞에서 낭송 후 느낌을 나눈다

   교사 : 동시를 지어보니 기분이 어땠니?
   우리가 지은 동시 속에는 어떤 소리들이 있었지?
   소리를 글로 표현해 보니 어땠니?

5. 유아들과 함께 직접 주제 관련 소리를 찾아서 녹음한 후 동시책과 함께 제공한다

   교사 : 우리가 지은 동시는 책으로 만들어서 언어 영역에 놓을 테니, 다른 친구들의 동시도 함께 감상하도록 하자.
   (동시 책과 관련 소리 CD, 테이프를 함께 비치하여, 유아들이 동시 책을 감상하며 관련 소리를 들을 수 있도록 함)

평 가

주변의 다양한 소리를 주의 깊게 듣고, 이에 대한 자신의 느낌과 함께 소리를 글로 표현하는 경험을 통해 유아들이 소리의 아름다움을 느낄 수 있었다. 또한 한 편의 동시를 짓는 경험을 통해 소리를 나타낼 수 있는 표현(의성어)에 대해 생각해 보고, 시를 감상하는 좋은 경험을 가졌다.

7) 교육활동안 : 활동의 예 7

<table>
<tr><td rowspan="2">활동명</td><td rowspan="2">친구 목소리 알아 맞추기</td><td>대상 연령</td><td>만 4세</td></tr>
<tr><td>활동 영역</td><td>언어</td></tr>
<tr><td>교육 목표</td><td colspan="3">• 친구의 목소리에 관심을 갖는다.
• 친구의 목소리를 듣고, 목소리를 구별할 수 있다.
• 자석판에 자신이 들은 목소리의 주인공 사진을 붙임으로써 퍼즐을 완성할 수 있다.</td></tr>
<tr><td>활동 자료</td><td colspan="3">파란하늘반 유아들의 목소리 녹음 테이프, 카세트, 친구들의 목소리 맞추기 자석판 퍼즐
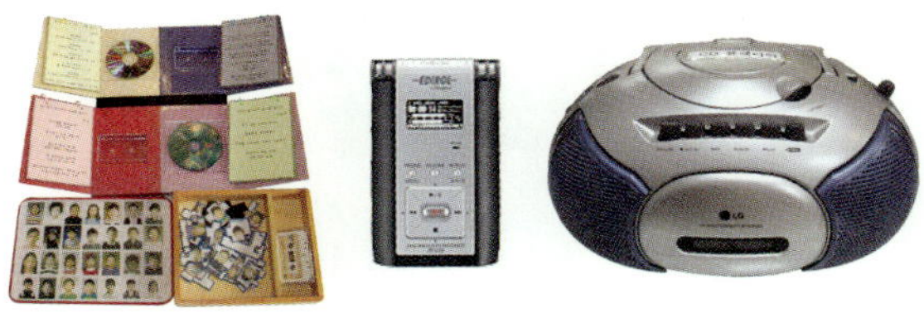</td></tr>
<tr><td>활동 내용</td><td colspan="3">1. 교사는 사전에 유아들의 다양한 목소리를 자유선택활동시간에 자연스럽게 녹음해 둔다. 녹음할 때는 간단한 1~3음절로 된 단어를 녹음한다
(예 : 나는 ㅇㅇ소리를 좋아해, 나는 ㅇㅇ색을 좋아해 등)
교사 : 녹음기에서 나오는 소리를 잘 듣고 누구의 목소리인지 알아맞혀 보자. 누구 목소리일까? 다시 한번 들어보자.
유아 : ㅇㅇ요.
교사 : ㅇㅇ야, 나와서 누구 목소리인지 찾아서 퍼즐판에 붙여 볼래?
(3~4명 유아의 목소리를 듣고, 퍼즐판에 사진을 붙여 본다)
이렇게 친구 목소리를 듣고, 사진을 찾아서 퍼즐판에 붙여 보는 거야.
목소리를 모두 알아맞히면, 퍼즐을 완성할 수 있겠지?

2. 카세트 사용법을 알려 준다.
교사 : 이 활동을 할 때는 제일 먼저 (파란색 스티커가 붙은) 파란 버튼을 눌러 테이프를 가장 앞으로 돌리고, (초록색 스티커가 붙은) 초록 버튼을 누르면 친구 목소리를 들을 수 있어. 친구 목소리를 듣고, 누구 목소리인지 알겠으면 퍼즐을 맞추고, 잘 모르겠어서 다시 듣고 싶으면 파란 버튼을 눌렀다가 초록 버튼을 누르면 된단다.
목소리 테이프랑 자석판은 언어 영역에 갖다 놓을 테니 자유선택활동 시간에 해보도록 하자.
(카세트는 각 버튼에 색 스티커를 붙이고, 버튼의 기능 설명서를 부착하여 제공한다)</td></tr>
</table>

<table>
<tr><td>활동 내용</td><td>3. 자유선택활동시간 중 언어 영역에서 활동을 진행한다
교사 : 카세트를 통해 친구들의 목소리를 들어보니 어땠니?
유아 : 친구들 목소리가 다르게 들려요.
선생님 목소리는 괴물 같다.
교사 : 친구 목소리를 알아맞히는 데 어떤 점이 재밌었니? / 어떤 점이 어려웠니?
유아 : 눈을 감고 들으면 더 잘들려요.
잘 맞췄어요.
 </td></tr>
<tr><td>평 가</td><td>우리는 청각을 통해 주변의 소리와 사람들의 목소리, 음악 등을 듣는다. 청각은 모든 의사소통의 시작이라 할 수 있는데, 이때 ‘소리가 들리는 것’ 과 ‘소리를 듣는 것’ 에는 차이가 있다. ‘소리가 들리는 것’ 은 수동적인 현상으로 지나가는 소리가 귀에 저절로 들리는 것이 여기에 해당하며, ‘소리를 듣는 것’ 은 능동적이고 인지적인 현상이며 각성상태와 주의력, 기억의 영향을 받는다.
‘누구 목소리일까?’ 활동에 참여하여 ‘친구 목소리 듣는 것’ 을 통해 주의 깊게 소리를 듣고, 유아들의 목소리를 구분하여 누구인지 알아맞히는 능동적인 과정을 통해 소리에 대한 변별력을 기를 수 있었다.</td></tr>
</table>

8) 교육활동안 : 활동의 예 8

<table>
<tr><td rowspan="2">활동명</td><td rowspan="2">소리가 가는 길</td><td>대상 연령</td><td>만 4세</td></tr>
<tr><td>활동 영역</td><td>수 · 조작</td></tr>
<tr><td>교육 목표</td><td colspan="3">• 소리의 전달 경로에 대해 관심을 갖고, 이를 이해한다.
• 귀의 구조, 각 명칭을 안다.</td></tr>
<tr><td>활동 자료</td><td colspan="3">〈소리가 가는 길 따라가기〉 게임판, 화살표판, 음파 말 4개
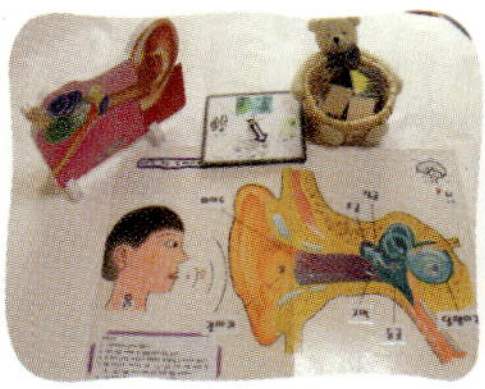  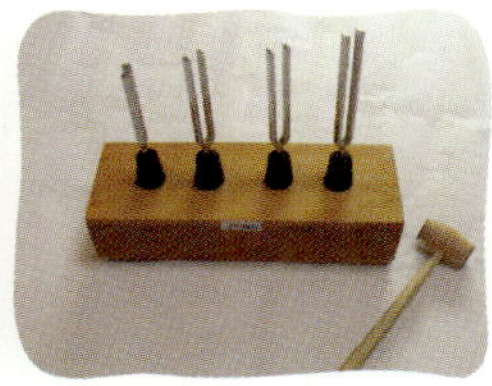</td></tr>
<tr><td>활동 내용</td><td colspan="3">1. 유아들에게 음악 소리, 빗방울 떨어지는 소리, 웃음 소리, 오토바이 소리를 들려 준다

2. 유아들과 함께 이 소리 중 듣기 좋은 소리, 듣기 싫은 소리에 대해 이야기를 나눈다
교사 : 음악 소리, 빗방울 떨어지는 소리, 웃음 소리, 오토바이 소리를 들어봤는데, 이 중 너희가 듣기에 좋은 소리는 무엇이었니?
유아 : 음악 소리요. 웃음 소리요.
교사 : 이 중 듣기 싫었던 소리는 무엇이었니?
유아 : 오토바이 소리요.

3. 게임판과 퍼즐을 소개하며 소리가 전달되는 과정을 이야기 나눈다
교사 : 선생님이 게임을 하나 준비했는데, 우리 귀 속으로 이 소리들이 전달되는 과정을 우리가 따라가 보는 거야. 다른 사람이 성대의 떨림으로 말을 하면, 공기의 떨림을 통해 다른 사람의 귀 속으로 들어가서, 외이도를 따라 고막으로, 고막이 떨리면서 추골 → 침골 → 등골 → 달팽이관을 통해 뇌로 전달되는 것이지.

4. 유아들과 함께 게임을 하며, 게임과정을 설명해 준다
교사 : 화살표가 가리키는 것이 듣기 좋은 소리이면 앞으로 한 칸, 듣기 싫은 소리이면 뒤로 한 칸 이동하는 거야.
자, 이 게임판은 조작 영역에 둘 테니, 자유선택활동시간에 해보도록 하자.</td></tr>
</table>

활동 내용	5. 자유선택활동시간 중 수 · 조작 영역에서 활동을 진행한다 교사 : 소리가 가는 길을 따라가보니 어땠니? 유아 : 소리가 발이 달린 거 같아요. 소리가 귀에 들어오면 간지러울 것 같아요. 교사 : 귀 속에는 어떠한 기관들이 있었니? 유아 : 달팽이관이랑 청소골이 있어요. 외이, 중이가 있어요. 교사 : 게임하면서 어떤 점이 재밌었니?/어떤 점이 어려웠니?  
평 가	유아들은 소리가 어떻게 생기게 되는지, 소리가 무엇을 통해 전달되게 되는지 등에 관심을 갖고, 여러 가지 실험과정을 경험하였다. 이에 귀로 전달된 소리가 귀 속에서는 어떠한 경로를 통해 이동하여 뇌까지 전달되는지에 대한 이해를 돕기 위해 이 활동을 선정하게 되었다. 유아들은 놀잇감을 통해 눈에 보이지 않는 귀 속의 모양과 소리의 전달과정을 쉽게 알 수 있었다.

9) 교육활동안 : 활동의 예 9

<table>
<tr><td rowspan="2">활동명</td><td rowspan="2">소리 내는 와이어</td><td>대상 연령</td><td>만 4세</td></tr>
<tr><td>활동 영역</td><td>조형</td></tr>
<tr><td>교육 목표</td><td colspan="3">• 소리의 떨림과 전달을 탐색한다.
• 음향기기를 통해 들을 수 있는 소리에 관심을 갖는다.
• 음향기기를 통해 듣는 소리에 대한 자신의 느낌을 선으로 표현한다.
• 여러 종류의 와이어를 자유롭게 구부리며 소리의 입체적 표현을 경험한다.</td></tr>
<tr><td>활동 자료</td><td colspan="3">음향기기(라디오, 마이크, CD, 테이프), 다양한 종류의 와이어와 전선, 다양한 굵기의 막대, 음파 그림 자료, 컴퓨터와 빔프로젝터
  </td></tr>
<tr><td>활동 내용</td><td colspan="3">1. 소리는 어떻게 해서 만들어지는 것일까?(유아의 의견을 수렴한다)
교사 : 자, 목에 손을 대고 말을 해보자. 목 안에 ‘성대’ 라는 것이 있는데, 성대가 떨리는 게 느껴지니?
어제 너희가 ‘소리는 공기의 떨림으로 만들어져요’ 라고 했는데, 우리가 말을 할 때도 성대가 떨리면서 목소리가 나오게 되는 것이란다.
그럼, 우리는 어떻게 소리를 들을 수 있는 것일까?
유아 : 소리가 움직여서요.
소리가 귀로 들어가요.
교사 : 목에 성대가 있는 것처럼 귀에는 ‘고막’ 이 있는데, 공기의 떨림이 귀까지 이어져 고막을 떨게 해서 우리는 소리를 들을 수 있게 되는 것이란다. 이렇게 소리는 공기의 떨림을 통해 다른 곳으로 움직여 전달되는데, 소리가 움직여서 전달되는 것을 ‘음파’ 라고 해. 오늘은 소리가 움직이는 모양, 음파의 모양을 상상해서 ‘와이어’ 로 표현하는 활동을 하려고 하는데, 소리가 움직이는 모양은 어떻게 생겼을까?
유아 : 구불구불 뱀 같을 것 같아요. 책에서 본 적 있어요.
교사 : (유아에게 와이어를 건네며) 피아노 소리를 듣고 이 소리가 어떤 모양으로 움직일지 상상해서 표현해 보자. (높은 음의 소리를 들려 준다)
이 소리는 어떤 모양으로 움직일지 상상해서 표현해 보자. (낮은 음의 소리를 들려 준다)
(다른 유아도 나오게 하여 동일한 과정을 반복한 후 들어가도록 함)</td></tr>
</table>

활동 내용

교사 : 이 친구들은 높은 음의 소리가 이러한 모양으로 움직이고, 낮은 음의 소리는 이러한 모양으로 움직인다고 생각했구나. 너희들은 어떤 모양이라고 생각했니? 너희들이 생각한 소리의 움직이는 모양은 이따가 미술 영역에서 선생님이랑 함께 만들어 보도록 하자.

2. 음파에 대해 이야기를 나누고 퀴즈를 낸다

교사 : 친구들이 생각한 소리의 모양은 이러했는데, 소리의 모양, 음파를 측정할 수 있는 기계가 있단다.
음파를 측정할 수 있는 기계로 그린 '소리가 전달되는 모양' 이란다.
(높은 소리, 낮은 소리, 큰 소리, 작은 소리의 파동 자료를 보여 준다)
이 중 높은 소리가 움직이는 모양은 어떤 그림일까?
(공기가 많이 떨릴수록 높은 소리가 난다)
이 중 낮은 소리가 움직이는 모양은 어떤 그림일까?
(공기가 조금 떨릴수록 낮은 소리가 난다)
그럼, 큰 소리와 작은 소리가 움직이는 모양은 어떨까?
이 중 큰 소리가 움직이는 모양은 어떤 그림일까?
(진폭이 클수록 큰 소리가 난다)
이 중 작은 소리가 움직이는 모양은 어떤 그림일까?
(진폭이 작을수록 작은 소리가 난다)
이렇게 공기가 많이 떨릴수록 높은 소리가, 조금 떨릴수록 낮은 소리가 나고, 공기가 크게 떨릴수록 큰 소리가, 작게 떨릴수록 작은 소리가 나는 것이구나.

3. 곽윤찬의 재즈곡 – 윈도미디어플레이어를 통해 '음파' 를 보여 준다

교사 : 자, 그럼 선생님이 들려 주는 음악에서는 어떤 음파가 만들어지는지 한번 보도록 하자. 지금 본 것처럼 하나의 음악 안에는 높은 소리, 낮은 소리, 큰 소리, 작은 소리가 있지. 그래서 여러 가지 소리의 전달되는 모양을 볼 수 있는데, 오늘은 라디오, CD, 테이프에서 나오는 소리를 듣고 너희가 그 소리가 전달되는 모양을 생각해서 와이어로 표현해 보도록 하자.

4. 유아와 함께 활동을 진행한다. 해당 음향기기의 소리를 들려 주며, 소리를 형상화 해 볼 수 있도록 한다

교사 : 어떤 소리가 들리니?
유아 : 지지직 하기도 하고, 노래 소리도 나요.
교사 : 이 소리를 들으니 어떤 느낌이 나니?
이 소리는 어떻게 생겼을까? 이 소리는 어떤 모양으로 전달될까?
유아 : 파도같이요.
둥글게 생겼어요. 동그란 소리.

교사 : 파도처럼 생겼을까? 파도는 빠르게 움직일까? 천천히 움직일까?
큰 소리는 높은 산처럼 생겼을까? 낮은 산처럼 생겼을까?
유아 : 고슴도치 가시처럼 뾰족뾰족해요.
비 내리는 것처럼 생겼어요.
달팽이집처럼 점점 커졌다가 작아질 것 같아요.
뱀처럼 구불구불하고 길어요.

5. 교사는 유아들이 말하는 것을 기록하고, 유아들이 와이어를 조작하는 것을 적절히 도와준다

6. 유아들이 구성한 작품을 소개한다
교사 : 소리의 움직임을 와이어로 표현해 보니 어땠니?
유아 : 와이어가 잘 구부러져요.
소리가 춤을 추는 거 같아요.
철사로 음파를 만드니까 재미있어요. 몸으로도 표현해 보고 싶어요.
교사 : 소리를 표현할 때 어떤 점이 재밌었니? / 어떤 점이 어려웠니?
유아 : 굵은 철사는 힘이 세야 구부릴 수 있는데, 전 구부릴 수 있어요. 굵은 철사에서는 큰 소리가 나요. 얇은 철사에서는 작은 소리가 나고.

활동 내용

7. 유아들이 구성한 작품은 실물 라디오, CD, 테이프와 함께 모빌형태 혹은 전시대에 게시하도록 한다

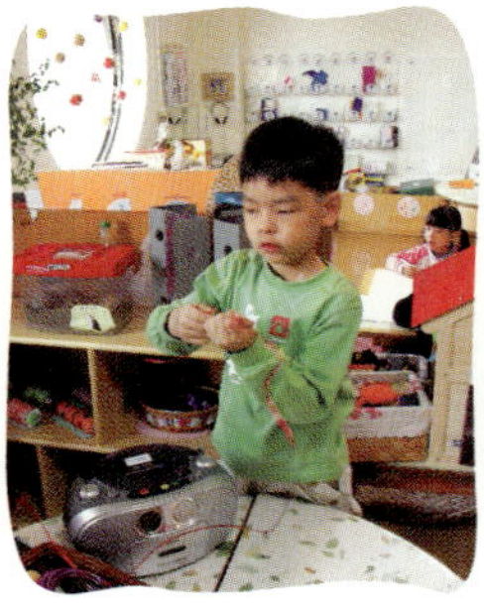

평 가	유아들은 음향기기를 통해 들을 수 있는 다양한 소리들에 관심을 갖고 주의 깊게 듣는 것과 동시에, 이에 대한 자신의 느낌을 '선' 으로 표현해 보았다. '선' 으로 소리를 표현함에 있어 와이어는 손쉽게 구부러지는 특성이 있어 유아들이 자유롭게 자신의 느낌을 표현하기에 용이하였다. 평면적 구성이 아닌 입체적 구성을 통해 보다 소리가 가진 다양함, 입체적 느낌을 잘 표현할 수 있었다. 또한 소리를 듣고 와이어로 음파를 만들어 보며, 유아들 스스로 높은 소리의 음파, 낮은 소리의 음파, 큰 소리의 음파 등 다양한 음파를 창조해 내는 능력을 기를 수 있었다.

참고문헌

게리 깁슨(2004). **놀이 과학(소리와 음악)**. 성우.

댄러 셀(2007). **소리:** Sound Science. 휘슬러.

안재신(1983). **유아음악교육**. 교육과학사.

유덕희(1983). **음악교육론**. 개문사.

이상호(2007). **빛과 소리**. 지경사.

최상일(2002). **우리의 소리를 찾아서 1 · 2**. 돌베개.

최준곤 외(2006). **소리를 질러봐**. 동아사이언스.

한국음악교육학회(2003). 소리에 대한 음악과 과학교육통합활동이 유아의 음악적 개념에 미치는 영향.

학생과학문고(1999). **소리의 세계**. 한국독서지도회.

연구진

최석란
University of Illinois at Urbana-Champaign, 유아교육전공(철학박사)
서울여자대학교 인간개발학부 아동학 전공 교수
서울여자대학교 부속유치원 원장

이현옥
서울여자대학교 대학원 유아교육전공(박사수료)
서울여자대학교 부속유치원 원감
서울여자대학교 아동학과 강사

손지현
서울여자대학교 부속유치원 주임교사

손여민
서울여자대학교 부속유치원 교사

정은주
서울여자대학교 부속유치원 교사

남상지
서울여자대학교 부속유치원 교사

김소리
서울여자대학교 부속유치원 교사

교육활동 프로그램 05

과학으로 만나는 소리

2008년 8월 16일 초판 인쇄
2008년 8월 20일 초판 발행

지은이 서울여자대학교 부속유치원
펴낸이 류제동
펴낸곳 (주)교문사

책임편집 강선혜
본문디자인 아트미디어
표지디자인 반미현
제작 김선형
영업 김재광 · 정용섭 · 송기윤

출력 아트미디어
인쇄 동화인쇄
제본 대영제책사

우편번호 413-756
주소 경기도 파주시 교하읍 문발리 출판문화정보산업단지 536-2
전화 031-955-6111(代)
FAX 031-955-0955
등록 1960. 10. 28. 제406-2006-000035호

홈페이지 www.kyomunsa.co.kr
E-mail webmaster@kyomunsa.co.kr
ISBN 978-89-363-0935-0 (93370)
ISBN 978-89-363-0930-5 (93370) (전 5권)

값 12,000원